如何练就演讲力

涂梦珊——著

机械工业出版社
CHINA MACHINE PRESS

本书从演讲者自身感受出发,分析演讲与日常交谈的差异,初学者害怕公众发言的原因,如何缓解紧张情绪,如何改善表达等与思维相关的因素;然后讲述了演讲声音的运用术;并解读了关于演讲风格、形象、互动等细节的演讲技巧;提供了说服、鼓动、传授、娱乐四种演讲脚本以及其他方法作为读者的练习参考。

全书分为43节,每节又分为若干知识点,故事性强,亦可碎片化阅读。书中列举的示范案例,既包含大家熟悉的经典,也有当下社会热点,新兴娱乐节目中的材料,不但适合"菜鸟"系统学习,对资深演讲者也同样具有借鉴意义。

图书在版编目(CIP)数据

如何练就演讲力/涂梦珊著.—北京:机械工业出版社,2021.4(2021.9重印)
ISBN 978-7-111-68089-5

Ⅰ.①如… Ⅱ.①涂… Ⅲ.①演讲-语言艺术 Ⅳ.①H019

中国版本图书馆CIP数据核字(2021)第078202号

机械工业出版社(北京市百万庄大街22号　邮政编码100037)
策划编辑:梁一鹏　责任编辑:梁一鹏
责任校对:赵　燕　封面设计:吕凤英
责任印制:李　昂
北京联兴盛业印刷股份有限公司印刷
2021年9月第1版第2次印刷
145mm×210mm・6.5印张・1插页・145千字
标准书号:ISBN 978-7-111-68089-5
定价:68.00元

电话服务　　　　　　　　网络服务
客服电话:010-88361066　机 工 官 网:www.cmpbook.com
　　　　　010-88379833　机 工 官 博:weibo.com/cmp1952
　　　　　010-68326294　金 书 　 网:www.golden-book.com
封底无防伪标均为盗版　机工教育服务网:www.cmpedu.com

自 序

"今天讲得相当不错,听众很有代入感,而且没有多余的动作和语气词,进步很大啊!"有一天我去参加朋友主办的技术大会,茶歇期间我鼓励他道。

"多谢你的指点。前几天开始我就特别注意你提到的几个问题,今天终于都改掉了,我自己也感觉发挥得不错。看来演讲这东西就得多练啊,晚上我对着家人练习,白天上班在办公室默念……"

"说明基础不错。你现在的水平完全可以应对上市前的路演了。"

"还真不是,我是这两年才开始学演讲的,之前从来不敢上台,甚至会议室里超过10个人我说话就开始发颤。这也是没办法,事情进展到这一步逼出来的,没人可以替代我上台啊。"

朋友说到这里,我也想起前几年在梅赛德斯-奔驰文化中心听过一次华为人的演讲,那是云计算大会(后来升级为华为全联接大会)的一个Keynote(主题演讲会),他们的轮值CEO、副总裁们讲得都相当不错。我后来通过他们的员工了解到,之前这些高管们口才都不算好,后来经过训练都能上台演讲了,而且是那么大的场面。那时候起,我就想写一本如何练就演讲力的书籍,帮助普通人学习演讲。

其实我本人也有类似经历。上学时我得到的锻炼机会比他们要多,但也遇到过自己的"滑铁卢":有一次英文演讲比赛,我把所有精力都集中在背稿子、记要点上,登台后完全是自说自话,完全忽视了与现场听众的互动，结果几分钟后就紧张得忘词卡壳，没讲完就淘汰下台了，台下的指导老师也一直不敢抬头看我。然而最近几年，我在全国几十座城市的书店、高校、公司以及各种大会进行了一百多场演讲，有时也是英文演讲，每一场演讲都是成功的。有时候自己也会觉得奇怪：这样的转变是怎么发生的？我是怎么做到的？

我总结了一下，这些案例中的演讲力提升有两大推动力：一是刻苦努力，自我克服个体化障碍；二是有迫切的需求，客观上也有锻炼的环境，情势所逼，不改变也不行了。

最近这些年，我从事配音、声音教学工作取得了很多突破，又连续出版了《如何练就好声音》《如何练就阅读力》《声音的价值：如何打造声音付费产品》《明白：满手烂牌，也要过好人生》《单身十年：上海女子图鉴》等几本书。《如何练就演讲力》是我在声音领域的第三部作品，也是从"学习技能"到"技能变现"再到"实战应用"的完美演绎。

《如何练就好声音》是我在声音领域的第一本书，在新书分享会上我常常需要做一些示范，示范童声、老年音、御姐音，以及各种练声技巧。每次演讲前，我要做很多资料的准备，从网上找影视剧、广告的音频、视频素材，也需要在家里、酒店中一遍遍练习发声。

《如何练就阅读力》出版后，我演讲的听众常常是一些学生，他们学业紧张，能抽出时间来听我演讲可不容易。我的现场演讲需要更加简洁，更有亲和力。事实证明我也做到了，诀窍就是必须放弃面面俱到，现场只要抓住同学们一两个常忽视的要点就可以了，一个小小的改善就能激发他们读这本书的兴趣。

《声音的价值：如何打造声音付费产品》是第一本利用声音变现的

书，为了推广新作，我还是克服了疫情影响在很多城市办了新书分享会。这时的演讲已经得心应手，我会在每一次演讲前了解听众的构成、主办方的诉求，并且不需要做太多准备就能直接上台演讲，因为我的头脑中已经积累了足够的场景，电脑中的 PPT、素材也相当多，可以做到信手拈来了。

我在开始写作前翻阅了大量关于演讲的书籍。一些书籍内容晦涩，也有一些案例陈旧，不符合当下的语境。既有的缺陷就是改进的动力，于是我立即开工写作。这本书符合我当初的两大设想：一是适合大众阅读，零基础零门槛，避免过多专业术语专业词汇，不至于让人望而生畏；二是案例新颖生动，与当下情境相符。它和我的前三本工具书《如何练就好声音》《如何练就阅读力》《声音的价值：如何打造声音付费产品》具有一贯性，就是从实际体验出发，讲述一些学员可自行模仿的小技巧、小知识点，每段文字都不太长，每个小节就是一篇独立的文章，一个小知识点，既方便碎片化阅读也不失系统。

接下来，我也一定会像以往一样举办新书分享会，以自己的亲身经历来讲述如何改变演讲，现场指导零基础的学员走出第一步。总之，我会用演讲的方式向读者们推荐《如何练就演讲力》。

涂梦珊
2020 年 9 月

目 录

自序

第一章　演讲时代　001

　　|||| 第1节　这个世界在奖励那些敢于开口说话的人　001
　　|||| 第2节　会讲、敢讲不是与生俱来的　006
　　|||| 第3节　稍加留心与学习，人人都能提升演讲力　011
　　|||| 第4节　如何练就演讲力　015

第二章　演讲思维　023

　　|||| 第1节　演讲与日常交谈的差异　023
　　|||| 第2节　害怕演讲，是没有准备好　028
　　|||| 第3节　说出我心，激发变化　033
　　|||| 第4节　最熟悉的话题才是"好"素材　036
　　|||| 第5节　"不偏激，无观点"　041
　　|||| 第6节　如何缓解紧张的情绪　047
　　|||| 第7节　"预讲"：找到最期待听到你观点的人，
　　　　　　　　先说给他听　054

第三章　演讲声音　059

- 第 1 节　好声音让你的演讲更具影响力　059
- 第 2 节　演讲时 3 种致命的用声错误　068
- 第 3 节　凝重庄严型演讲者的声音运用术　071
- 第 4 节　朴实无华型演讲者的声音运用术　074
- 第 5 节　慷慨激昂型演讲者的声音运用术　077
- 第 6 节　幽默家常型演讲者的声音运用术　079
- 第 7 节　轻柔秀美型演讲者的声音运用术　081

第四章　演讲技巧　085

- 第 1 节　风格：找到适合自己的演说原型　085
- 第 2 节　礼仪：守时与超时　089
- 第 3 节　形象：如何准备服饰与妆容　098
- 第 4 节　肢体：肢体语言和表情　099
- 第 5 节　态度：放下自我，与观众建立起信任的纽带　107
- 第 6 节　情感：情感赋予演讲生命，有人变化丰富，有人通篇一味　115
- 第 7 节　互动：氛围不活跃，使用哪些招？　122
- 第 8 节　记忆：内容记不住怎么办？　127
- 第 9 节　故事：好故事是第一传播力，我该如何讲好故事？　137
- 第 10 节　解释：如何解释演讲话题中的艰涩概念？　141

|||| 第 11 节　说服：用推理一步步征服听众　　149

|||| 第 12 节　展示：物尽其用，运用已有

装备给听众制造惊喜　　152

第五章　演讲脚本　　155

|||| 第 1 节　演讲的四种目的：说服、鼓动、传授、

娱乐　　155

|||| 第 2 节　说服型演讲公式　　158

|||| 第 3 节　鼓动型演讲公式　　160

|||| 第 4 节　娱乐型演讲公式　　164

|||| 第 5 节　传授型演讲公式　　169

|||| 第 6 节　几种有力的开场和结尾　　171

|||| 第 7 节　互动问答环节也有料的演讲公式　　176

|||| 第 8 节　即兴发言随时都能精彩的模板　　179

第六章　演讲练习　　183

|||| 第 1 节　日常谈话中如何练习演讲力　　183

|||| 第 2 节　对着镜子练习时要观察什么　　188

|||| 第 3 节　录制演讲声音时如何复听才能进步　　190

|||| 第 4 节　通过录制视频，感受自己和观众的

对话力　　193

|||| 第 5 节　通过 1 分钟语音，练习短答概括力　　195

第一章
演讲时代

> 会讲、敢讲不是与生俱来的,演讲力是一项人人都可以提升的技能。

第1节 这个世界在奖励那些敢于开口说话的人

未来最有价值的才能之一——演讲力

2018年6月,总结我在声音领域十年经验的书籍《如何练就好声音》上市了。在出版社的安排下,我在全国进行了几十场新书分享活动,推广声音的"科普"知识,场场都很受欢迎。巡讲时,很多读者也提出了演讲相关的问题。

曾有一位腼腆的建筑设计师问:"我遇到一些挑战,因为演讲能力不行,没说服力,每次向甲方汇报项目方案时,总是通不过。有人做的方案虽不如我,但因为说得比我好,所以升职很快。我也想在公开演讲时做到像你一样流畅、有感染力,我该怎么做呢?"

无独有偶,后来在深圳演讲时,又有一位"怕"甲方的女读者问道:"涂老师,我的声音听起来有点颤抖,面对甲方时抖得更厉害。原本组织好的观点,这么抖着说出来,整个人就好像泄了气的皮球。汇报项目设计方案时,甲方总用不信任、怀疑的眼神看我,搞得我越来越紧张。"

"你也是一名建筑设计师吗?"听到"面对甲方"这四个字,我试探地问。

她回答说:"是的。"

"对于建筑设计师而言,表达自己观点和设计能力一样重要。"我们简单聊了起来。

"是啊,奖励总是先给到那些敢于开口说话的人,像我这样不会说的人,真沮丧呢。"

举个例子,我发现赚钱最多的建筑设计师,一部分并不是那些技术能力最强的人,出图纸的人随时可能被替代。为什么?就着这个问题,我又对这个行业做了一些调研,总结归纳了三点:

第一,要成为大公司内的独立项目负责人,除专业能力外,必须要能与甲方顺畅沟通。

第二,作为部门领导者,必须能和属下沟通好项目进展,在开会发言时能鼓舞人心。

第三,自己无论是做老板,还是业务线的高级总监,都必须能在招商引资和公司形象推广上发挥影响力。

这个结论在每个行业都成立。绝大多职场人士都要先成为前两类人,经过几个层面上"说"的历练之后才能成为大领导。演讲力的重要性不言而喻,不会说,限制了许多人的发展。

为自己的能力发声

在外人看来，只有你说得清楚了，才能证明你想清楚了，大家才能相信你能有条不紊地把事情做好。

很多人总觉得自己的意图很明确，不用说别人也一定理解了。事实上这是一种"被动性错觉"，也叫"被洞察错觉"。其实别人未必知道你在想什么，我们要时刻反思自己是否被这种主观错误支配着。勤劳的人总假设会有"好人"注意到自己，或者上司一定能看到自己的付出，从而得到肯定。事实上，这是一个非常糟糕的假设。

除了伴侣和亲人之外，我们一生中极少会遇到有人提供积极主动的帮助。

"现在怎样？你需要帮助吗？"

"我能为你做什么吗？"

在遇到困难时，还在期待别人主动关注你，是非常不切实际的。善意地询问，往往只出现于电影中。即便是上帝，也会偏爱那些积极发声的人。

如果我们需要帮助，就必须积极主动开口，如果我们很有能力，必须为自己的能力发声，否则别人怎么知道我们需要帮助，我们有能力胜任呢？他们怎么知道我们需要什么样的机会呢？

养成想到什么都说出来的习惯是非常重要的。不管别人是否关注，不管别人是否理解你的心声，都要打开心扉第一时间讲出来，将自己的思想表达出来。也许你得到的回应是否定的，但不用在意，正确的道路就是这样，你必须持续为自己的能力发声。

想法和能力是你的价值，演讲就是让价值流通

庚子年刚开始就赶上疫情爆发，有位医生因为出色的危机发言而被大家迅速传播，他就是新冠肺炎上海医疗救治专家组组长张文宏。他的发言得到众网友纷纷点赞，冠以"硬核医生""霸气发言"等标签。

张文宏医生因为出色的演讲在一夜之间为全国人所知晓，这在以往是几乎不可能做到的。过去一场演讲的听众数量主要取决于场地的大小，超过千人的演讲很少。如今随着传媒的发展，互联网的普及，几百万、几千万观众同时听一场演讲不再是难事。"超级演讲时代"到来了。

哪个社会问题牵动人心，哪个话题就是演讲力的爆点。疫情之下，张文宏医生的每一次发言都牵动人心，他通过"霸气、清晰、高效"的发言，在极短的时间内成为人们心中值得信赖的权威专家。他的发言之所以能够得到广泛传播，是因为他说话的方式能让老百姓听得懂、记得住，好内容一定要有好形式，这个形式就是有辨识度的声音。第一次听到他的声音，我的第一感觉是他的声音风格很像马云，属于高快型发音。我从网上找到更多的张医生演讲视频后，更加确信，他就是医学界的马云——演讲风格简洁流畅、掷地有声、斩钉截铁。唯一不同的是，张医生的语速比马云还要快。

互联网是表达力的放大器，可以把普通人变成"超级演讲者"。越来越多的行业领袖将会从"超级演讲者"里诞生，人的价值被迅速认可的时代终于到来了。空气污染、食品质量、子女教育、家庭养老、收入差距等各种社会话题都会造就该领域的"专业权威"甚至"意见领袖"。专业技术人员不再两耳不闻窗外事，一心扑在实验室，他们可

以通过演讲表达自己的看法,做科普活动,对社会事件发声,从而让真理越辩越明,让自己的价值迅速得到体现。

互联网时代,信息传播速度和广度不断被刷新,观点与受众的"距离"甚至不到1分钟,可以省去组织、宣传、导演等各个环节。只要有新颖想法和观点,支起手机,面对镜头录制演讲视频并点击发送,也许还没出门就已经引发了行业变革。放在二十年前,这是天方夜谭。互联网时代,演讲者的舞台无限宽广,想法瞬间可以跨越国家,传递到世界上的每个角落,这些想法带来的价值不可估量。

2006年,孟加拉裔美国人萨尔曼·可汗创立了一家非营利网络教育机构——可汗学院,它诞生于一个由衣帽间改成的小房间。萨尔曼·可汗在这里录了2000多个视频,涉及数学、物理、化学、生物、天文、金融、历史等科目的内容。萨尔曼·可汗讲的课程不但内容好,讲述的方式还非常有趣,迅速引发了一场全球网络教育的革命。所以,有了好的内容后,还需要能够清晰地把它表达出来的人,用打动听众的方式讲出来,才可能得到传播,才有机会发酵、成型、再发酵、再加速传播。

这是一个好想法就有潜在价值的时代,人们表达的意愿显著提升,而演讲又是其中最具观赏性,最利于传播的方式。互联网时代,人人都是自媒体。

新颖的语言类电视节目也大量涌现,呼应了这种传播趋势,让人们的语言表达有了更多的渠道。比如"奇葩说""罗振宇跨年演说""吴晓波跨年演讲"等脱口秀节目的持续走红,标志着超级演讲时代的到来。未来的领导者要打动人心,必须要参与到公众话题中来,用演讲力赢得大众的支持。

第2节　会讲、敢讲不是与生俱来的

巴菲特的"珍藏"

巴菲特一直"珍藏"着戴尔·卡耐基课程的证书,他自豪地对公众说:"你在我的办公室,看不到我内布拉斯加大学的本科学历证书,也看不到我哥伦比亚大学的硕士学位证书,但是一定会看到戴尔·卡耐基课程的证书。如果我没有完成那个课程,我的整个人生就会不同。"

大家可能不会想到,侃侃而谈的股神巴菲特,曾是个一想到公开说话就会呕吐的人。为了练就演讲力,他做过种种疯狂的事情,可是在课程的前三周,他什么进步也没有,根本拿不到作业完成后的奖励——一支铅笔。但他没有介意,更加疯狂地练习,比如站在桌子上大声讲话,甚至向南希大声求婚……在课程进行到第四、五周时,他的真诚、有趣打动了南希。巴菲特就这样"一箭双雕",既有了未婚妻,也交了演讲作业。

我也可以通过自己的经历向你保证,会讲、敢讲绝不是与生俱来的。最初,我的情况比"一想到公开说话就会呕吐"的巴菲特好不了多少,是个"害怕站起来说出自己名字"的人。在大学时,我为了练习表达能力,报名参加了演讲比赛。比赛中,我紧张得要死,就像被一只黑猩猩重重压住胸口,无法呼吸;比赛结束后,也完全不记得自己说过什么。然而十年后,我经常面对公众演讲,偶尔也客串主持人,在2018年做了近百场"如何练就好声音"的演讲。

我总结这些年来的改变,再次回忆起当年那只压在胸口的"黑猩

猩",意识到要成功开发演讲能力,仅凭一时的勇气是完全不够的,还需要做到以下几点:

首先,在培养演讲能力的计划制定和任务分解上,尽量做细。

其次,要有一个监督机制。

再次,能够检测出是否按预先的计划执行到位了。

最后,反省自己为什么没有按预先的计划执行到位,反思方法,弥补漏洞。

烹饪美食需要食材,传播观念需要"语料"

我常常对学员们说:"想要让自己言之有物,就给自己开设一个'语料'存折吧。就像你想要变得富有,就首先要学会储蓄,把存下来的钱用于投资。演讲的存折就是'语料',想要持续累积话题和'语料',为什么不参与社会话题开设'语料'存折?"

巧妇难为无米之炊,伟大的演讲者无一不注重"语料"的积累。1902年,公众演说能力已有目共睹的卡耐基当选圣安德鲁斯大学名誉校长,他为了准备发言稿,读完了以往历任校长们的演讲稿来积累"语料",以确保自己作为名誉校长的第一次公开演讲能对听众有所助益。

听说有些互联网名人会专门收集网上的精彩段子、金句,比如马云、罗振宇、罗永浩,马云还安排专人负责这项工作。"语料"在他们演讲时发挥了巨大作用,和自己苦思冥想的原创比起来,这是相对来说比较讨巧的一种做法。

2018年,我在北京主持有书知检大会,其中一位发言嘉宾是《让大象飞》的作者霍夫曼。他上台前对我说:"我以前不敢讲话。"我很好奇，即将要发表演讲的他，竟然会对我"坦白"这段"黑历史"。作为主持人的我，也为接下来的演讲效果担忧起来，所以我就问他："那你现在讲得怎么样？为什么又开始敢讲了？"他说："我有一个秘密的工具箱，里面收藏了让我讲得更好的工具，有的是我自己找来的，比如通过阅读，有的是我向那些善于演讲的人讨教来的，每次公开讲话时，就取出一些试用，有效果的我就保存下来，暂时没效果的就先淘汰掉，始终保持里面有一批工具为我所用。"

2019年，我作为演讲嘉宾之一，在上海参加一场主题是关于《红楼梦》的端午节文化活动，我分享的是"《红楼梦》中人如何说话"。另有一位嘉宾分享书中的人物如何过端午，他的演讲妙趣横生，这是一次成功的演讲。活动结束后，我请教他："大师兄，你好！大家都亲切地称呼你大师兄，我也想问大师兄一个问题，你是怎样提高自己演讲技巧的？"

他的回答竟然和霍夫曼出奇地一致。原来大师兄有一个演讲资源池，储存着"语料"和方法，自己悄悄地在每一次和听众互动的演讲时刻运用一两个，随后他会观察听众的反应来积累经验，就这样不断丰富和增多，也让自己的演讲更加炉火纯青。

巨轮在大海航行，需要充足的燃料；演讲者激励人心，需要足够的"语料"。要想让演讲言之有物，就要确保"语料"够用。

如何为自己开设"语料存折"呢？为了锻炼自己的演讲力，我用一分钟视频脱口秀的形式给自己开设了一个"语料存折"，我还把其中一部分发布在微信公众号、微博和抖音上了。这个习惯对我的帮助很大，让我可以从日常的琐事中，发掘可以用作演讲和写作的话题。

举个例子。有次出差武汉，正在武汉大学校园中散步，有两个中

第一章 演讲时代

学生跑过来向我推销：

"你好，我们参加了生存挑战赛，需要在没带钱的情况下，在武汉生存7天。这是我们售卖的纪念品，你可以买一份吗？"

"你们一分钱都没有，住哪里呢？吃什么呢？"

"我们卖了东西就有钱了，可以支持我们一下吗？"

"可是，这些东西并不是我需要的，谢谢！"

随后，我一边走，一边把我"不乐于助人"的经历通过微信发给朋友。我说："刚才两个参加中学生生存挑战赛的人向我售卖纪念品，我拒绝了，因为这不是我需要的东西，估计对方觉得我冷漠。但他们只有把被人拒绝当作常态，才能真正思考清楚，什么东西是人们需要的。"随后我把这个话题扩展成了一篇演讲稿——"被拒绝，才是生活的常态"。

一次成功的演讲，唯一的标志就是让人快速地理解了你所说的话。所谓"理解"，其实也是个很抽象的概念，很难用语言说清楚。一个人所理解的内容，经过语言表述后传到别人脑中，也许是另一个景象。

人们对于事物的"理解"至少有四个层面构成。换句话说就是，凡是人们能理解的每个领域，都呈阶梯状地分为四层。听众对事物的理解能到达这其中的哪一个阶段，决定了我们对"语料"的选用，也决定了演讲的内容。

每个人可以按照自己的方式来分类"语料"，比如，我们可以把"语料"分成以下四种层面。

第一层，数字、规格说明、价格等。这些客观数字，只要你有数学基础，任何人都能理解。比如在2019年，中国的GDP近100万亿元人民币，人均GDP达到1万美元。

第二层，人类的本能。对于冷、热、疼痛、欢愉、忧伤、开心的体验，也包含了基于本能的一些基础体验。比如澳洲山火燃烧了几个月，人们纷纷逃走，甚至连小考拉也知道要跑，要去找水喝，但它不能大量喝水。这几个月关于考拉喝水的"语料"就频频出现在演讲中。

第三层，社会生活和居住环境中共有的经验。比如吃到某种食物时感觉"美味"还是"难吃"，再比如无论是非洲人还是美国人，或是中国人，品尝同一种食物所产生的感觉。"这菜可难吃了，跟吃草似的""原来你吃过草啊"这就是演讲中常用到的一种梗。

第四层，文化性的要素，时代的氛围等，这是最高一层。比如四十年前中国男人不敢夸女人"性感"，会被认为是低级、下流。还有"翔"字的含义十年前还是非常正面的，飞翔，多好的意境，但现在已经很少有家长愿意用这个字给孩子起名了。某个阶段我们一提到某些事情就会觉得尴尬，然而其他时候都不会这样，这就是时代、文化的因素。演讲要适合语境，说的就是这一层意思。

只要稍加留心，人人都能从海量信息中搜集"语料"，储存进自己的"存折"，培养思考和演讲的感觉，"语料"可以从以下途径搜集：

第一，统计、审计等官方网站常有数字规格说明的语料。

第二，在博客、社交网络、意见领袖常撰写共有的经验感觉。

第三，重新审视自己的生活习惯、反应、体验，体会人类所共有的本能。

第四，书本、书评、影评多反映时代文化，通过读书来提高素养，为话题提供论据支持。

使用"语料"需要分析听众构成。确定了听众的构成，就能充分认识到应该选择什么样的风格走向、"语料层级"、表述策略。保留那些激起听众好感的,丢掉那些没效果的,进而不断累积出有效"语料"。

演讲,是思想产品,如果你的目标是要传播让人乐于接受的观点、见解,让人一听就感同身受的,想让自己的观点、见解成为"长销不衰"的经典款,就必须对事物有着更加深刻的认知和理解。

第3节 稍加留心与学习,人人都能提升演讲力

稍加留心与学习,人人都能提升演讲力

如果你想成为一位有效率的演讲者,就应该研究别人的演讲方法。

当你作为一名听众时,除了关注演讲内容之外,同时也要弄明白演讲者使用的技巧。不是每个人都有很多机会当众演讲,但做听众的机会还是非常多的。懂得如何更有效地"听",是学习演讲的重要路径。这样才能既把语料,又把方法一起装入自己的大脑。

有一次,我接受了某平台的演讲邀请,需要写8000字的演讲文。之所以要写这么多字,是因为这场演讲要持续45分钟。想要持续45分钟让大家都被吸引,必须要做足功课才行。

我留出了足够的时间来准备,看别人的演讲也是准备的一部分。当我点开这些演讲视频时,在某些点击量特别高的演讲视频里,演讲者虽然不能全程都很吸引我,但至少在某些时刻能吸引我,让我感觉有参与感,有想听下去的欲望。

这时,我会点击暂停,记录下当时我被演讲者吸引,想继续听下去的原因:有的是因为提问,有的是因为幽默,有的是因为观点很新颖,有的是因为解释得很独特,有的是因为有金句。找到原因后标注

下来，放进了自己的"演讲工具箱"，而且会尽快找时间使用这个新入手的工具，随后它就会出现在我最近的一次演说中。这个"工具箱"里的工具很多，并不见得每一场演说都要使出浑身解数，把宝物一个一个拿出来"显摆"，而是视演讲目的而定。演讲时长，现场的听众构成，希望传达的风格，决定了使用工具的组合。

能够熟练使用一些工具的演讲者，演说能力在演讲者当中一定是优等的。对于初级演讲者来说，达到这个目标还需要时间，需要积累，可以试着从简单的做起，先表达好自己的观点，增进沟通。不妨先从以下几点做起：

首先，演讲前全面观察事物，发现一个新的切入点。

其次，演讲前组织好语言表达你发现的切入点，用简短有力的语言描述你新颖的观点。可以多练习几遍，注意词句顺序、语气、重音。

最后，也是最关键的一点，就是实践。在讲台上把准备好的内容说出来，但现场的情况千变万化，情绪、噪声、节奏可能都不是你事先想象的，你需要适时把你准备的"料"抛出来，得到观众的共鸣。

如何从富矿中挖出金子？

安德鲁·卡耐基曾说过，我们常常会有很多机会，可是因为没有做好准备，很少能利用好这些机会。机会总是给有准备的人，好好注意你身边的机会。

虽然演讲只是把自己心中的想法说给一群人听，但的确有一些人更精于此道。有演讲力的人，是一座行走的"金矿"，他们通过表达就能影响他人。所以我们在倾听时，不仅要听演讲者说了什么，还要注意了解演讲者是如何把内在想法，传递到听众脑海中的，在传递过程中,演讲者有哪些强项和弱点。

无论台上的人演讲效果超出预期,还是低于预期,都要分析为什么。如果每次都能以这种方式听演讲,那不久后你一定会惊喜地发现自己从演讲者身上学习到不少东西。

如何才算有准备地听?请根据下列清单自查,自己每次听演讲前,在这些方面是否有意识,是否有敏感度。

把想法传递给听众,必须经过7道"工序"(见表1-1):

表 1-1

演讲者	自我介绍	演讲者用什么方法引起别人的注意?
	主旨介绍	如何使主题和听众发生连接?
	互信互动	如何在演讲者和听众间建立善意与可信度?
内容	内容构成——语料	语料是否适合现场听众构成?
	内容构成——语言	语言是否简单、生动、清晰、鲜明?
语境	演讲的即时性	是否针对当时的语境做了合适的调整?
表达方式	第一语言——语音	声音清晰、有变化吗?
	第二语言——肢体、表情、眼神	他如何利用视线接触、手势的?
	辅助语言——展示	演讲者如何利用可视化的辅助道具?
素材组织		是否很清晰、很容易跟上?是否有强烈的说服力?
整体观感		是否流畅?演讲方式是强化还是弱化了他的思想?
听众反馈		听众能分辨出演讲者的要点吗? 从一个要点转向另一个要点时,听众能跟上吗?

带着这些"意识"听完演讲后,你会更客观地感受到演讲者的成功之处和不足之处。以上问题的答案也会在演讲结束后一一浮现在你的脑海中,你会找出有哪些方法是可以运用到自己的演讲中去的。

每个人都很期待完善自己的"话术",无论是一对多的公众演讲,还是一对一的私人沟通。所以我们才向那些善于说话和演讲的人学习技巧,让自己的讲话更受欢迎、更有影响力。事实上,在生活中,我们每个人只要稍加留心,人人都能挖出适合自己的方法,用来提升自己的讲话能力。

会听才会讲

人类的听觉能力非常奇妙,所以我一直留心收集有些人由于听觉能力突出,而获得额外机会的故事。卡耐基十几岁时,因为练就了灵敏的听觉能力而获得了晋升。卡耐基当时只是一名电报公司的信使,在公司和客户之间传递信息,换句话说就是跑腿的,是最低级的职位,没有接收、抄写、解读电报的权利。但他很用心,学习到了用听觉接收电报信息这个技能,也就是说,他听懂了莫尔斯电码。这种电码由两种基本信号"嘀""嗒"和不同的时间间隔组成,用来代表不同的字母和数字,一般需要几道工序转译抄写。但卡耐基直接"脑补"了整个过程,从嘀嗒声直接到字母,跳过了纸带打卡、翻译、抄写的过程,他的大脑像是接在电报机上的打字机一样灵敏,极大地提高了工作效率。

卡耐基的演讲力也和他的听力一样高效、精确,因为它们都通过同一个CPU(中央处理单元)来运行的。所以,练习听觉能力,也能有助于练习演讲力。卡耐基并非有什么特异功能,他所拥有的灵敏听觉是很多人都拥有的。如果演讲者善于运用自己听觉吸收"养分",把内在思想感情经过高效的处理后,再精确地传递给听众,演讲就一定会很有感染力,就能够触及听众的灵魂。

第4节 如何练就演讲力

不断优化6项能力，就能练就演讲力

虽然把内在想法成功传递给听众，需要经过7大工序的考验，但事实上演讲者在执行7大工序过程中大多是无意识的，他说话时并不会记住所有的点，而把主要精力放在下一段话他要表达什么。一个人的演讲力，融合了演讲者在日常生活中的说话能力，融合了他的教育水平、社会地位、"语料"积累，这就需要我们平常多练习。除了平时的知识和生活的积累外，提升演讲力需要练习优化6大能力：

（1）言之有物的"内容力"。
（2）把断续想法有效黏合的"组织力"。
（3）把复杂概念有效分解的"解释力"。
（4）打破惯例和刻板印象的"冒险力"。
（5）与观众互动的"表现力"。
（6）对世界好奇的"探索力"。

言之有物的"内容力"

演讲必须要言之有物。言之有物的"内容力"，也就是前面提到的，首先要有全面观察事物的能力，有发现新切入点的眼光。许多学习演讲的人舍本逐末，一味追求外在呈现形式的"酷炫"，忽略了演讲的内核是言之有物。要想演讲时言之有物，日常交谈时就要尽量做到言之有物，储存"语料"。

"内容力"用在写小说上也一样。张爱玲也认为，言之有物的"语料",不一定都非要自己原创,人人都有内容力,只不过自己没有留心收集罢了,久而久之,就以为自己"无物",其实都被职业文人搜集了去。她就有许多值得一记的话,甚至金句,并非是自己原创的。她的原话是这么说的:"诸如此类,有许多值得一记的话,若是职业文人所说,我就不敢公然剽窃了,可是像他们不靠这个吃饭的,说过就算了,我就像捡垃圾一般的捡了回来。"她的"搜刮"标准是,见解"精微",异于常人。张爱玲把人人最"精微"的言论逐渐捡了起来,并入自己的构思,便展现了一个个活灵活现的人物及其心理世界。

演讲者收集内容,采用小说作家一样的策略便可。都是表达,一个是用文字,一个是用声音,形式不同,但要表达的内容上没有差异,"内容力"也没有差异。

把断续想法有效黏合的"组织力"

听众的心理是喜好连贯性的观点,这样思考的压力小。演讲者如果不假思索,就把断续想法直接搬到演讲台上,这种做法是行不通的。多数人的心理定势偏向于追求一致,演讲者不要毫无目的地从一个主题转到另一个主题。听众听到结构混乱、没有顺序、没有层级的演讲就会评分很低,他们不知道表达的重点是什么。

有的"坏"习惯是在闲谈时养成,特点就是用语零散不连贯。演讲是针对某个具体问题,鲜明完整地发表自己的见解和主张。让别人清楚地理解你的见解,就不能用零散的语言,在不同主题之间毫无章法地乱转。一定要用清晰的结构和最佳的表达策略对内容进行高效组织。

其实演讲能力不好,并不是说你不会说,而是平时没养成好的习惯。很多人在日常交谈时养成的习惯就是嘴长在自己身上,想怎么说就怎么说,没有经过思索。我们提倡有什么话都要讲出来,并不是讲说话不需要逻辑。观点必须以始为终,不能因为走得太远而忘记了为什么出发,总是毫无目的地"跳跃"话题,一定会激起听众的反感。演讲是日常谈话的"精修"版,有主题、有腹稿、有头尾,不能够随随便便地说,也不能语无伦次地说。

把复杂概念有效分解的"解释力"

演讲者不能假定听众能够明白自己所说的一切,更不能去假定听众对自己所说的内容很感兴趣。演讲者要做的是,让不理解的人,甚至对这个领域非常反感的人重新燃起兴趣,让理解的人能够发现他自己还有没看到的角度。换句话说就是,演讲者必须以听众为中心,必须为听众感觉到"自己很聪明"尽一切努力。

当你能使自己演讲的内容和听众的经验、兴趣、知识和价值观产生联系,当你的演讲使听众感觉到"这对我很重要,我完全理解他所说的,我很聪明时",你的演讲就成功了。

事实上,平日生活中,你与人交谈时,就已经运用了"解释力"。比如,第一次来你家做客的朋友,因为路况不熟悉,突然打来一个电话:"我好像有点找不着方向,你能再给我说一下具体的位置吗?"你会首先问清楚对方此时所在的位置,而不是他出发时的位置,以便于你能告诉他接下来怎么走。如果对方分不清东南西北,那你还要想象一下,从他的角度来看,向前、向左、向右分别有什么标志性的建筑。你只能从客人的角度来设想驾驶路线,而不能从自己的角度来指挥,否则对方还是找不到你的家。

这样的"解释力",我们在生活中常听到。比如当你向同事解释什么是货币时,你会这样简单地说:"充当交换媒介,具有价值、贮藏、价格标准和延期支付标准的物品。"但你对自己家孩子解释什么是货币时,你可能会这样去描述:"货币啊,就是说明你想拥有的东西,需要另一种东西来交换。你发现没有,薄一点的书要比厚一点的书便宜,大件的玩具要比小件的玩具贵一些。"

打破惯例和刻板印象的"冒险力"

想要成为一个"生动"的演讲者,"冒险力"必不可少。演讲并非只是站在台上把话说完,有时候它需要你"冒险"地摆脱那些陈词滥调和模式化的视觉,给听众创造惊艳的时刻。把自己内心的激情、爱好,用"看得见、体验得到"的形式传递给听众,就能激起听众的共鸣。

比如,黄健翔在2006年世界杯意大利对澳大利亚的比赛如此解说:"伟大的意大利的左后卫!他继承了意大利的光荣的传统。法切蒂、卡布里尼、马尔蒂尼在这一刻灵魂附体!格罗索一个人他代表了意大利足球悠久的历史和传统,在这一刻他不是一个人在战斗,他不是一个人!"

所谓"冒险力",就是尝试创新,要懂得运动多重感官刺激,打破常规,为听众制造"惊喜"时刻。比尔·盖茨2015年的演讲"下一场疫情离我们有多远"中,上台时推了一个铁皮油桶,并向听众描述,在他小时候最大的疫情和危机就是核爆炸,所以他从小就开始演练,当危险情况发生时,一定要带好食物,躲到这个位于地下室的铁皮桶中,从而引出当天要讲的主题。

2007年，乔布斯在 iPhone 的发布会上介绍那个地图的功能，他当时迅速地锁定了一家星巴克，打电话过去订了4000杯拿铁。这个演示有没有可能失败呢？当然有可能，所以这也是一种冒险，不过，苹果公司的合作伙伴还是很靠谱的，地图靠谱，星巴克也靠谱。大家还注意到，他订的是咖啡，没有蛋糕，因此也被有趣地解释为 Stay hungry（保持饥饿）。这就是"冒险力"给演讲带来的巨大魅力。

与观众互动的"表现力"

再好的内容也拯救不了一个形式很"烂"的演讲。

演讲本质是要通过分享观点，影响更多人改变，而不是自言自语。但我发现许多演讲者走上台去只是为了赶快把话说完。也许演讲者有过这样的经历：我在台上讲，台下的人根本没有在听。何必呢？你毕竟花了时间啊，哪怕只有一个人在听，也要好好地讲。台下没人听，是因为台上的人"表现力"不够，只要用心，就一定能找到让听众聚精会神听你讲话的秘诀。

也许听众不感兴趣的原因是专业度不够，他们听不懂你说的话。这时，你可以用"外行视角"找到合适的"表现力"，改用他们听得懂的语言来表达。比如张文宏医生在解释流感和感冒之间的差异时，就用了一个"外行视角"，他说："如果流感是老虎的话，感冒连猫都不是。"这样的演讲"表现力"会没人听吗？

还有一种情况是，演说的环境不合适，所以影响了表现力的发挥。比如一个长得很帅但是声音感染力不强的男明星，就最好通过视频方式演讲，而不要选择广播，因为他的粉丝只要看到他就很开心了，她们不在乎他的声音好不好听。如果他能讲一个粉丝能记得住的故事就更棒了，外形加生动的故事就是他的"表现力"。相反，一个声音非常好听但相貌平庸的人，尽量通过广播发表演讲，不要让听众看到他，否则他们会失望的。许多配音演员从幕后走到台前并不成功就是这个原因。

又比如肯尼迪和尼克松的电视辩论，本来支持率较高的尼克松，在电视辩论赛后就败下阵来。通过看电视直播关注辩论的人大多数把选票投给了肯尼迪，通过听广播关注辩论的人大多数把选票投给了尼克松。从电视上看，肯尼迪自信、有活力，他表情自然，眼神坚定，身体看起来放松，没有太多小动作，辩论时头还微微仰起。而尼克松从电视上看起来总是满头大汗，让人感觉有点心虚，再加上频繁眨眼，让他显得紧张、不自信。

"表现力"还可以通过场景营造来达到。比如，著名的"罗斯福炉边谈话"，就是通过公共广播向民众传递治国政策，向民众解释生活中的问题，以取得公众对他的支持。壁炉这一场景每个美国家庭都非常熟悉，罗斯福在这种场景下交流政治问题，从语调语气上大大拉近了与民众的心理距离，让大家对抽象的政策有了一种生活化的理解。

不过，当下还是视频媒体为主，视频影响力也远大于音频的影响力。对于视频渠道来说，那就既要看你的形象姿态，也要听你的声音了。肢体语言、表情等信息，也会作为听众理解你，甚至感受到你的感染力，以及内容真实性的一个重要载体。这时，身体语态过多或者肢体表现不当的演讲者，会引起听众的反感。

对世界好奇的"探索力"

尽一切所能挖掘出你对演讲主题的热情！

任何时候你与人交谈，不管是解释事件、描述故事，还是分享记忆，都要注意到，对方对你投来的面部和身体反应，他对你语言组织的回馈有哪些。当你观察听众的情绪反馈时，你会意识到，在这些信息中到底是哪一个切口刺激了对方的兴趣点。你还可以从其他演讲者演讲时观众的反应找到这些答案。也就是说，不仅你自身是一座"灯塔"，你还可以从其他"灯塔"的灯影里探索。

有一次我和好朋友见面，她因为参加孩子的家长会而来晚了，随后很兴奋地对我说：

"今天啊，有一位老师的发言特别好。"

"为什么特别好？"我问。

"她用提问的方式让你聚焦问题，并且很吸引人，我看到所有家长在老师提问的时候，都情不自禁地把手机放下来了。"

"提了哪些问题啊？"

"第一个问题是课外补习班对孩子们有用吗？第二个问题是禁止孩子玩游戏，手机也没收了，为什么孩子们还在讨论游戏里的内容，他们是怎么做到的？第三个问题是各位家长对照下，自己小时候成绩比孩子成绩更好的请举手……"

她重复着当天听到的问题，我的好奇心随着她的复述也被激发了出来，虽然没到现场，但被好友的积极反馈所吸引，被这位老师的提问激起了好奇心，很想学习到其中的方法。随后我就问：

"这样开家长会，跟我以前所理解的家长会很不一样。"

"是的，老师提问的时候，你会发现寻找答案的激情都被老师激发起来了。"

通过她的转述，我学到了一个自己很受用的演讲的方式，就是通过一个又一个的痛点式提问，既提醒自己下一段要讲的内容，又紧紧抓住听众的注意力，激发听众的好奇心。

之后我更加留意这类演讲了，别人是怎么做到的，怎么调动听众的情绪的。渐渐地，我探索的兴趣不局限于偶尔参加的会议，以及我自己的巡讲了。我开始到处寻找演讲案例，从网络上、电视上找来各种素材加以研究。写这本书时，我每天至少要看十场以上各式各样的演讲视频。

第二章
演讲思维

> 我们的思维中，都有一座"肖申克的监狱"。恐惧心理是来源于看待事件的角度，重塑思维，克服恐惧心理，成为万众瞩目的演讲高手。

第1节　演讲与日常交谈的差异

演讲和日常交谈的差异，就是"正装"和"休闲装"的差异

日常交谈是"休闲装"，怎么舒服怎么穿，随心所欲也无妨。正装必须根据场合，根据自己希望传达的形象来挑选。"正装"的"版型"很重要，要做到结构清晰、主题突出，进而让听众印象深刻。

谈话是演讲的练习场，毫不夸张地说，要练就演讲力，必须从日常交谈练起。想让听众持续集中注意力当然很困难，不能毫无准备、随随便便地表达，更不能语无伦次，必须有主题、有层次、有要点、有头尾，并使之成为日常说话的习惯。因为，一个人谈话里没表现出来的能力，大概率也不会在演讲中表现出来。

为什么颠倒过来行不通？

据我观察，如果不是职业演讲家，人们在正式场合演讲的时长加起来，一生也不超过100天，与此相反，每天30%的时间却在与人谈话。单纯靠短期演讲培训所取得的效果，都不如在生活中有意识地练习获得的进步显著。

日常交谈时，很多人都能滔滔不绝高谈阔论，可面对公众进行正式演讲时，就立刻僵滞了，所有能言善辩的本领都仿佛"速冻"了起来。这是何故？本质上，还是把谈话看作谈话，把演讲当作演讲，没有把谈话当作演讲的练习场。对日常说话模式熟悉，对演讲模式生疏，还没有做好"顺利迁移"的准备。换句话说就是，不喜欢演讲的"条条框框"。

事实上，这样的看法不够全面和客观。建立演讲思维的正确做法是，既要认识到谈话是演讲的练习场，又要理解日常说话和演讲的相似点和不同点。吸收那些提升观点留存率的方法，舍弃那些让演讲模式化的"死框框"，这样才能真正爱上演讲，减轻当众讲话时的"束缚"与"陌生"，舒服地进入演讲模式中。

"正装"和"休闲装"的相同点：语料言之有物

只要是说话，总得谈点主题，交流一些对人有帮助的信息。换句话说就是，要想演讲时言之有物，日常交谈时就要尽量言之有物。只有这样，才能把自己的观点、见解迁移至"演讲模式"时，做到信手拈来、流畅清晰、侃侃而谈。

"观点、见解、能力"是你的货币，演讲技巧是帮助你让货币流通。光有流通技巧可不行，首先得知道自己谈什么，才能解决如何谈得更好。经验欠缺的演讲者，可能都存有一个问题——我到底讲什么呢？

谈自己最擅长的。挑选你真正感兴趣的话题，这是对听众的负责。在自己真正感兴趣的话题上升级演讲技巧，我想不出有谁能比你自己进步得更快。很多人之所以始终言之无物，正是因为他们说的都不是自己最擅长、最感兴趣的话题。

一位天天和柴米油盐打交道的老太太，也能对这些"日常之事"总结出精微的"语料"："中国老太太从前秃头，现在不秃了，老大爷则相反，从前不秃，现在常有秃的。外国老太太不秃而老大爷秃。为什么呢？研究之下，得到如此的结论：旧时代的中国女人梳着太紧的发髻，将头发用力地往后拉，所以易秃。男子以前没有戴帽的习惯，现在的中国男子与西方人一样长年离不开帽子，戴帽子对于头发的健康有碍，所以秃头的渐渐多了。然而外国女人也戴帽子，何以不秃呢？因为外国女人的帽子忽大忽小，忽而压在眉心，忽而钉在脑后，时时改变位置，所以不至于影响头皮的活力。"

摆正两者的先后顺序，人人都可演讲精彩。

"正装"和"休闲装"的不同点：演讲语言更精炼

让你的语言精致起来。闲谈时间无限，演讲时间有限。可以说，由于时间的"限制性"，演讲必须是谈话的精修版。精修版的语言组织要简单、生动、清晰、鲜明。否则表达时语言太过拖拉，讲着讲着听众走神了，自己讲起来也没劲。

想要让他人轻易跟上、了解你说了什么，就要极力避免这样"原生态"的表达方式：头绪不清晰、懒散、过多无意识的口头语、犹豫、不雅。

有一次我看电视节目,某女星在表达自己的观点时,我进行文字可视化后是这样的:

"我相信……就是……嗯……诶,这个,等一下……我找一下我的本儿……啊……就是艺术……是最高级的方式啊,我就是想说……其实,这还写了很多很多,你看对吧?"

这段话表现的是断断续续、反复重复、无意识的口头语。人的思想"本色"是断续的,也就是说,在日常交流时,断断续续表达自己的想法是没问题的,但是演讲场合,一定要把断续组接流畅。

想让听众感觉"出口成章",演讲人的语言应针对演讲场合做合适的调整:

(1)剪掉无端的空隙、停顿、重复。

(2)减少无意识的口头语。

公众演讲不能照搬谈话时的感觉,表达要有策略顺序

据我观察,演讲者虽然知道了这个道理——把断续的想法直接搬到演讲台上的做法行不通,但讲着讲着又"露出原形",问题的核心主要在于,没有对应的"工具"。厨师烹饪食物,需要工具,演讲者组织语料、精简表达,自然也需要"工具"。

富兰克林为了锻炼自己的信息组织力,曾坚持阅读《观察家》报,待理解文章意思后,把报上写得最有说服力的文章按段落剪下来,随后把段落打乱放入抽屉,他再用自己的语言,把文章中所谈的话题再写一遍,随后对比检查自己是否写得比原文更有说服力。通过这个方式慢慢地找到自己和原作者之间组织信息能力的差距,通过不断练习

来缩小差距。

我们来看一下这两段话,一段是我直接用谈话内容转成的文字,另外一段是我重新组织表达顺序后的演讲文字稿:

(1)"真没想到,真诚、有趣、侃侃而谈的股神,曾是个一想到公开说话就会呕吐的人。为了练就演讲力,他做了种种疯狂的事情,比如站在桌子上大声讲话……当然,在练习中,也有一些甜蜜的时刻,比如,当他用求婚来'练习'演讲力时,南希答应了他。巴菲特就这样'一箭双雕',既有了未婚妻,也交了演讲作业。虽然课程除了'疯狂'之外,也有奖励,每周完成任务最多的学员将会获得一支铅笔。可是在课程的前三周,他什么进步也没有,根本拿不到作业完成后的奖励。在课程进行到第四、五周时,巴菲特终于因为求婚成功而赢得了铅笔。"

(2)"大家可能不会想到,侃侃而谈的股神巴菲特,曾是个一想到公开说话就会呕吐的人。为了练就演讲力,他做过种种疯狂的事情,可是在课程的前三周,他什么进步也没有,根本拿不到作业完成后的奖励——一支铅笔。但他没有介意,更加疯狂地练习,比如站在桌子上大声讲话,甚至向南希大声求婚……在课程进行到第四、五周时,他顺利地完成了作业,他的真诚、有趣也打动了南希。巴菲特就这样'一箭双雕',既有了未婚妻,也交了演讲作业。"

很显然,作为日常谈话内容,第一段也听不出什么问题来,但形成文字就有点乱了。第二段更顺畅,在正式演讲场合应该用第二段文字稿。经过调整的这段演讲词,结构、顺序都更清晰。因此,所使用的语句要通俗易懂、简洁干练,符合听众"连贯性"心理,才能引人入胜。

演讲不能毫无章法地在不同主题之间乱转，需要有条清晰的"主线"。演讲人需要养成良好的习惯，明确的思路，保证演讲以始为终。可以采用四种常见的表达顺序：时间顺序、因果顺序、问题求解顺序、主题顺序。

时间顺序：按时间的推移叙述演讲观点和事情的发展。

因果顺序：两个事件之间有因果关系，既可先描述原因，也可先描述结果，引起听众的重视，然后再讲述原因。

问题求解顺序：按照问题求解的顺序演讲，特别适合于一个很复杂的话题，一步步拓展开，帮助听众找到科学合理的答案和真相，类似推理故事。

主题顺序：也可以叫作要点顺序，很适合较大型、较长时间的演讲方案，按照主题和要点的顺序逐一讲下来。

这些策略顺序的细致使用方式我会在下面的章节进行细致的讲解。

第 2 节　害怕演讲，是没有准备好

怯场，是因为没准备好

"我从不担心自己的技术，因为我为此付出过努力。有足够的训练准备能够消除你的担忧和害怕，如果你真正努力去训练准备了，那你还担心什么？你知道自己能做什么和不能做什么。"乔丹说。

足够的训练和准备才能够消除你的担忧和害怕，这就是准备的意义，关键词是"足够"。没有投入必要的准备时间，就幻想着演讲能够出彩，这种不切实际的幻想被很多人粉饰为"乐观"和"临场发

挥"。成功的演讲没有捷径,所有精彩的"临场发挥"都来自精心的准备。

1943年2月,宋美龄在美国国会的一次演讲中说到了这样一件事。她说罗斯福总统有一个放演讲稿的玻璃箱,里头装着一次演讲的第一份、第二份,甚至第五份第六份草稿。宋美龄还和罗斯福开过玩笑:"您这样公认的一流演说家还必须写这么多份草稿吗?"

罗斯福回答说:"其实有时候我得写到第十二份,心里才有底。"

我可以向你保证,许多伟大的演讲者都怯过场。但区别在于,他们因为怯场而拼命准备,你因为怯场而放弃了舞台。不要让害怕成为终点,害怕应该是起点。保证演讲成功的秘诀是:准备、准备、再准备。

关于准备工作,我们可以看看乔丹的传记,他是如何做充分准备以克服怯场的。乔丹开始打职业比赛时,被选为了探花,凯文·朗格利是他的教练,朗格利经常把乔丹放在第一阵容的首发五虎里。第一阵容只要打到8分就算赢,输的那一方是要被罚跑。乔丹这一队经常虐第二阵容的5个人。当第一阵容和第二阵容的比分打到5:1或5:2的时候,凯文·朗格利会把乔丹调到第二阵容去,通过这种方法考验乔丹。加入了乔丹的第二阵容突然间就追回了比分拿下了比赛。

伟大球员留给我们的不仅仅是技术,更重要的是一种精神。跟乔丹一起训练的感觉,就像是在打一场比赛,这种训练方法也影响了其他球员的状态。

多年后乔丹回忆,对他来说这种在第一阵容领先后,立刻到第二阵容,帮助第二阵容追回比分的训练,就是他的常规训练。这就是凯文·朗格利的训练方法,乔丹每天在训练中就是在竞争,每一分钟都在救场。当面对真实的赛场,当到了比赛的关键节点,没有什么是他平时没有练习过的,不管比赛里发生什么,他都觉得很自然,因为自己之前遇到过这种情况。

充分的准备可以极大降低怯场的可能性

从负责任的角度看,也一定要对自己所讲的话题有充分的研究和准备。

社会心理学家曾经做过一个实验。在这个实验中,他们请参与实验的人和陌生人交流。他们发现谈话氛围越来越好的两个交谈者,他们的声音从最开始的低沉慢慢变得更加的明亮,往高处走;而谈话氛围不好的两个陌生人,他们的声音则呈相反的方向,越往后,声音会越加地往低处走。

演讲往往是你对着一群陌生人进行交谈。当你做好了积极准备,你能让这场谈话氛围更好,这时你的演讲会从最开始的入场、暖场,声音走势由低到高,逐渐激昂升华,这预示着经过充分准备后的你,让演讲达到了积极交流的效果。

充分的准备可以把你从负面消极的思考中,转化为积极的思考,你会带着信心去专注于自己想表达什么,而不是担心别人对自己的态度。积极思考是建立信心的必要元素,怯场可不是积极思考。对自己的公共演讲能力不自信,从而每一次演讲前都要做足准备。

充分的准备可以使怯场的可能性降低75%,充分的准备可以使演讲表达更流畅,演讲效果提升一倍,充足积极的准备可以让你在演讲中传递更多积极的声音、手势、表情。

只要有充分的准备和训练,就一定能消除对失败的恐惧。从选题、组织观点的策略顺序、日常演练的肢体、声音、眼神等，都要投入充分的练习时间。

怎样知道准备得是否"充分"？

给自己预留"充足"的时间。

要使这些练习方法发挥作用，你必须早早动手。不要等到演讲到来的那一天，更不要等到演讲的头天晚上，至少要让自己提前几天练习。事实上，提前的时间越长越好，才能使自己有充足的信心，对演讲的传达方式有绝对的把握，让演讲通过"7道工序"的层层考核。

对初次准备的结果不要太过乐观，我倒是希望大家在准备这件事情上，多抱有一些"悲观"的情绪，单单进行一次练习，不管这一次练习有多长时间，都是不够的。

不同长度的演讲，所需要的基本准备时长不同。如果你希望练就自己的演讲力，就要在准备环节投入更多的心力，因为这不仅仅是一种技术，更是一种精神。根据你所要演讲的时长，一分钟的演讲准备两个小时，把它作为必要投入时间，并安排好这些时间。

倘若你的确是因为没有准备好而害怕上台，那就没有必要给自己找借口，而应在下一次演讲前，给自己充分的准备时间。如果上台演讲后，心里却对自己说："真希望自己不讲这个话题"，那说明你真的没有投入必要的准备时间。如果你每一次都认真对待准备的过程，你准备时的用时也会越来越少。

我为了锻炼自己，曾在2017年每天分享一分钟语音，坚持了一整年。一分钟，对于大家来说非常短暂。但刚开始时，为了在60秒内分享和表达一个完整的知识点或概念，我需要准备两个小时。后来随着一分钟语音的时间掌控和表述节奏越来越精准，准备过程也变得越来越得心应手。最显著的改变就是准备用时的减少，15分钟即可准备好一分钟语音需要的240字。一天最多可以完成30条一分钟语音的文字创作和声音录制。

演讲也一样，倘若你遇到一个新主题，一开始花的时间肯定会比自己想象得更多，所以给自己留有足够的准备时间很有必要。我们可以进行一个等比例的扩宽，就知道自己具体需要多少时间的必要投入。如果一分钟的演讲需要准备两小时的话，那么15分钟演讲，就需要30个小时的准备时间，如果演讲是30分钟，就需要60个小时的准备时间。当然，如果演讲是在你自己熟悉的领域，所需准备时间会少很多。所有的成功都是时间熬制出来的。

做足了准备之后，还可以在自己两三个好朋友面前做个演练，获取首批听众的反馈。如果有条件，还可以尽量安排接近真实演讲的环境，搞一次着装正式的"彩排"。模拟真实环境，就意味着模拟各种干扰因素。每次演讲现场，都可能会有各种意外状况产生，"彩排"时，也要尽可能考虑到这些意外，比如安排一个朋友在旁边专门负责"干扰"也是一个不错的练习。这样在你正式演讲时，万一遇到类似的干扰，也能做到临阵不乱。不管"彩排"的场景如何，都应该自信满满，模拟正式演讲时的精神状态。

建议在"彩排"时用我们之前提到的"7道工序"对自己做一个考核，它会更有助于你发现问题。另外，我在第四章"演讲技巧"里将提到12个工具，它们将协助你从内容到形式，通过"7道工序"的层层考核。这个工作可以由你的同事协助完成。

第3节 说出我心，激发变化

你不能请人替你说话

乔布斯常在极具煽动力地描述新一代苹果产品之后，问大家："你愿意花多少钱来购买它？"我也向乔布斯学习了这一招，常常会问学员这个问题："如果演讲能力，或者说有感染力的表达，也是一种可以购买的商品，你愿意付出多少钱来购买这种能力？"

如果不愿意支付任何报酬，说明演讲能力对你并不是那么迫切或重要。退一步说，你并没有认识到它的价值。美国石油大王洛克菲勒、英国首相丘吉尔，在他们的事业还没达到巅峰时，都愿意付出比世界上任何东西都要高的代价，来获得这种能力，而巴菲特切切实实地付出过时间与金钱来获得这种能力。

这种能力之所以如此重要，是因为每个人只能用自己的嘴来表达心声，而无法请人替自己说话。所以我在每次课程的开始，并不急着讲方法，而是先帮听众认识到演讲的价值，换句话说就是把它的价值可视化。

我是这样让它可视化的：

首先请大家都站成一排，然后跟着我的口令，往前跨一步，第1个口令是："认为自己具备你所在行业专业技术的人，请往前跨一步。"我看到几乎有四分之三的人会往前。

接着我发出第2个口令："觉得自己除了具备适应本岗位专业技术能力，同时还具备其他专业技能的人，请往前跨一步。"

第3道口令："除了拥有多项专业技能之外，常常想表达自己内心观点和想法的人，请往前跨一步。"

最后一道口令："有技术能力，又能顺畅地表达自己，让听众有共鸣，对于你所说的内容印象深刻，同时还能够通过语言表达促进自己事业进步的人，请往前跨一步。"

我发现，多数情况下，没有人能走满四步。

用故事打破"我不能说"的心理定势

眼下人力资源市场丰富，我们花费比其他企业高20%~50%的薪水，一定能雇用到该行业内较高专业水准的人才。但有专业技能又善于表达自己的人比例很少，具备领导才能和激发他人才能的人就更少了，要雇用这些人就需要付出很高的代价。戴尔·卡耐基说过，一个人的成功85%是靠他的人际沟通和演说能力，只有15%跟他的专业技能相关。

别幻想着你可以花钱雇人替你说话。如果你把自己的想法藏在心里，它就无法发挥作用。相反，如果你用一种能引起他人共鸣的方式把它表达出来，或许它能改变世界。

马丁·路德·金说过，做对的事，任何时机都是好时机。真正创造和改变未来的是行动，但想法没有得以传播之前，行动也不可能发生。好的演讲能够表达出自己的主张，将赞同该主张的人聚集起来，通过行动改变世界。

如果你总觉得"沉默是金"，那么没有人能帮到你。如果你想表达，而只是感觉自己不善于说话，我有一个引导法，可以帮助你表达。这个方法来自于我一次观影体验，它是一种游戏，让听众帮助你完善语言表达能力。

电影《走出非洲》里面有一个场景给我留下了深刻的印象。从欧洲移民而来的朋友们会定期来到女主角卡伦·布里克森家里聚会，餐后大家围在一起玩游戏，这个游戏就是大家接龙讲故事。每个人讲一小段，然后交给下一位，大家的接龙都非常精彩，当然，其中卡伦讲得最好。她的描述就像一部绘声绘色的电影，大家也从中发现了她的语言天赋。卡伦回到丹麦后，把自己在非洲的经历写下来，成为一部经典文学作品。她曾获得安徒生奖，还两次获得诺贝尔文学奖提名。

所以，我们不妨自己也玩玩这个游戏，它不但可以锻炼你讲故事的能力，还能让你学习到其他人的经验。即便你是个非常腼腆的人，开始你什么也想不出来，也可以从中得到锻炼。设想一下，有人起了头，规矩是每人必须讲一小段，轮到你了，总不能跳过去吧？你不得不顺着说上几句话，哪怕一句，而你的下游不管你讲得如何，都必须要顺着讲下去，这是对你的极大鼓励和约束，下一轮你一定想讲得更好一些。这样玩几轮下来，气氛活跃了，你大脑中的语言思维能力就被激发了出来。通过游戏可以非常轻松地打破"表达力差"的思维定势，锻炼自己头脑中的故事思维。你的游戏伙伴越多，层次越丰富，你的水平也提高得越快。说不定哪一天，你就会发现你已经成为故事接龙中最能讲的一个。在讲故事中，你也一定会慢慢发现"埋藏"在自己内心的绝妙想法，说出来之后，说不定会吓自己一跳。人的潜力往往就是通过这样的游戏发掘出来的。

第4节 最熟悉的话题才是"好"素材

普通人的优势是自己熟悉的话题

所有人都会有这样的体验,在讲自己擅长、熟悉的话题时,整个人会比平时更自信。我们可以观察一下,不少人在讲到自己满意之处,或是调动起了自己情绪时,会自然地使用手心向上、向外扩展的手势。毫无疑问,人对自己最熟悉的话题,谈得最好、最生动,这些动作都是最佳的演讲动作,因为你在做自己。

1877年7月12日,安德鲁·卡耐基被他的家乡,位于苏格兰的丹佛姆林授予了荣誉市民的称号。卡耐基在回忆录中强调,这是他所接受到的最高荣誉,被授予荣誉市民称号之后,他必须要对丹佛姆林的市民发表一次演讲。

当时他也犯愁了,自己说什么呢?自己的表现会不会如大家所期望的那样好呢?正在他绞尽脑汁做准备时,作为演说家的舅舅给他提供了一条宝贵的经验,他说:"安迪(安德鲁·卡耐基小时候的昵称),你只需要把你的真情实感表达出来。"这条经验一直被卡耐基奉为智慧箴言。

是的,这就是演讲经验的第一条,我们必须要牢记于心,其他技巧都要排在后面。伪装反而会失去自我。演讲的第一个影响力来源,是要坚定地做自己,而不要左顾右盼。表达真实感受并不难,讲自己擅长的、熟悉的话题,从自己的一技之长开始。

因此,我们必须挖掘自身的经验和知识,并把一技之长发挥到极致。我曾在网上看过这么一个笑话。网友就社会学家应该研究哪些社会话题展开了争论,有一个网友的答案获得了最多点赞,这位网友说:"社会学家应该研究的最具民生效应的课题,就是回去问他老婆都知道的那些话题。"

这个笑话说明:即使没经过科学训练的个体,也能从自身的经历中提取经验的智慧,无数个体所形成的共性,将被保存为一种群体文化,揭示了某种客观规律。

从自己擅长、熟悉的经验中提取出演讲题目,并且就此表达出自己的真情实感,你的演讲就已经成功了一半。之所以最熟悉的话题容易成为"好"素材,是因为讲自己熟悉的话题至少有三大好处。

第一,面对自己熟悉的话题,你会有自然的叙述技巧。所谓叙述,就是讲一件事情给别人听。比如分享一段人生经历和感悟,分享的时候,一定要把握一条叙述的主线,最好只采用一个视角,不要同时演绎多个角色,除非你是个出色的舞台剧演员,否则听众会听得一头雾水。演讲者不同于小说家,小说中复杂的叙事方式不太适合用于演讲。老老实实地用一条线索,一路讲下来,更容易让观众记住你要讲的话。

我们的演讲风格跟自己的说话风格、写作风格是一脉相承的。如果你日常说话以细节为主,你演讲时也会举很多例子。如果你日常说话用语总是精炼抽象,你的演讲也会让听众的大脑疲于应对。不过这也不是什么特别严重的问题,恰恰相反,我建议在练习演讲力的初期,大家不要对自己的"特点"设太多限制,重要的是发现自己在生活中的风格,留意自己说过的话,知道有很多好东西可以用于演讲。

例如,最初崔永元的语言风格并没有得到重视,他无法成为重要的播音员，在屏幕上出现的机会也不多，主要是在后台做节目策划。后来中国人发现，语言类节目中除了传统的相声还可以有脱口秀，央视想要尝试时，蛰伏多年的崔永元就脱颖而出了，《实话实说》节目迅速走红。

第二，讲自己熟悉的事情，生动的细节就能信手拈来。要想不忘记演讲词的细节，我想不出有比讲自己熟悉的话题更好的方式了。如果我们的演讲内容引用得太宽泛，就一定会缺乏个性化的因素，不能够打动人。所谓生动，一定要有细节。细节是生动叙事的前提。在适当的时候，放进一些亲身体验的细节，能让听众感同身受。

举个例子，美国有一个叫凯瑟琳的女孩，在她5岁时做过一次公益演讲，其中有一句关于细节的描述震撼了现场所有听众。凯瑟琳看到美国公共电视播的非洲纪录片，说非洲平均每30秒，就有一个孩子因为疟疾而死亡。她被吓坏了，扳着自己的手指数着，1、2、3……30，当她数到30时，她很惊恐地对妈妈说："一个非洲小孩死掉了，我们一定要做点什么！"她和妈妈一起上网查资料，得知疟疾是由蚊子传播的，而蚊帐可以帮助孩子们躲避蚊子的叮咬。于是她开始攒钱捐献蚊帐。后来，她意识到个人力量有限，想号召更多人一起加入，因此她开始在教堂等公共场所演讲筹款。凯瑟琳每次进行公开演讲时只用短短三分钟，除了和小伙伴们一起用简短的儿童舞台剧表现蚊帐对于非洲孩子的重要性之外，她会让大家一起闭上眼睛数30秒，把自己对这30秒的恐惧感受，传递到每一个人的心里。这就是细节的力量。

客观数据和一些事实的引用的是必要的，但应该让客观数据通过细节拥有生命，增强人们感同身受的理解，从而实现个性化，成为"独家素材"。否则,同样的数据大家都念一遍,并没有什么感染力。

换句话说就是,人们生活当中的语料素材大体相同,如果没有个性化特征,表现力就不够强。增强表现力的秘诀就是,通过对于数字的观察,做到人无我有,在一般人不经意的地方,用细节着力渲染。

第三,你能比说其他话题时更加热情与真诚。演讲技巧不能解决一切问题,事实上,任何技巧都不比热情和真诚更能成功引起听众的兴趣,与听众建立起交流。如果你自己对话题都没有热情,就不要指望听众会对你的话题产生兴趣。

真诚和热情能遮掩 99% 的缺陷。挽救一个糟糕演讲内容的唯一方法,就是保持真诚和热情。要想让听众不由自主地喜欢你,轻松喜悦地分享自己熟悉的话题是最好的选择。熟悉的话题能让演讲像日常聊天一样态度真诚而热情,语言简单、清晰,没有复杂的句式,不咬文嚼字。只要你注意别在语言中加入过多"嗯""哦"这样的词汇,就能赋予演讲以生命,观众会接收到你饱满的精神和真诚的情感。

打动人的永远都不是口才,而是演讲者的真心与真情。当你在说自己的故事的时候,这个世界上还有谁比你更是这方面的专家呢?

既要确保选择自己熟悉的内容,也要确保内容的价值

演讲者的影响力越大,肩负的社会责任就越多,公众对演讲者的期望也就更高。

演讲就像"颁奖"一样，在世界范围内有巨大影响力的奖项，多是那些能引领众人，去拓宽认知的边界、释放更多创造力、开拓更多元文化的奖项，拓宽后的"收获"最终会让全世界的人都受益。

一个奖项给世界带来怎样的进步，就像一个演讲话题的传播能够给人们带来怎样的思考一样。

如果我们都选自己讲起来最容易的小事，那我们看到的演讲，几乎就是卖惨、分离、努力、迷茫、压力等毫无新鲜感的话题。甚至在话题中根本没有蕴含客观知识，都成了兜售主观情绪。虽然自己最熟悉的素材才是好话题，但不代表熟悉的材料可以没内涵，没知识性。

这种"情绪式"演讲，很容易创造一种感官隔离。为什么我们在一些大型演讲现场，情绪被调动得极度高涨，但事后一思考觉得演讲内容空洞、无逻辑？因为在现场，你被这种情绪笼罩，以至于跟着所有人一起被感动、被影响，你放眼望去，周围都是和你一样的人，就这样产生了感官隔离。

"传销式"演讲就深谙此道。——语言高亢、情绪饱满、甚至煽情落泪，带有明显的表演性质。从而制造隔离，把被洗脑者，从原有环境中连根拔起，圈养在别处，尽量与外界隔离。

除此之外，演讲者还很容易进行自我"隔离"，不进则退。虽然自己最熟悉的素材才是好话题，但如果我们永远都着眼于跟自己相关的小事，我们知识的"边界"将越来越窄，眼界也会越来越小。要打破这种"魔咒"，就要确保自己的演讲内容中，有着客观的"知识性"，这是人类文明传承的意义。

第5节 "不偏激，无观点"

越"坚定"，越能提升观点留存率

"没有人比我更懂……"是特朗普演讲时的常用语，省略号的内容每更改一次，都会引起轩然大波，这就是一种"偏激"的演讲方式带来的效应。真的是他最懂吗？当然未必。每一个领域都有无数的专业人士可以比特朗普更能讲出道理来。但又有什么关系？他是美国总统，践行观点的资源有很多，他的话传播得最广泛，人们会记住他的观点。

"在座的都是杀人犯。因为你们都没有采取措施制止这起事故的发生，最终导致了人员伤亡。"这也是一种"偏激"的表达方式，事实上，现场没有杀人犯，但会场气氛一下子变得凝重起来，演讲者让每个人都感到了压力。它的核心观点很明确：每个人都对事故负有不可推卸的责任，从现在开始每一个人都要高度重视，必须改变起来。

我们认真地分析一下，实际上他们表达的内核没有变，"偏激"的只是语言表达方式而已。特朗普并没有在所有领域都成为专家，人们不这么认为，他自己也没有这么认为，他只是想通过这种方式来表达：在这个领域他的政策是正确的。同样，第二例子里，会场里也并不会有人因为演讲者说过是杀人犯而被警察逮捕，但所有人都意识到了事态的严重性。

"不偏激，无观点"这句话除了要用新颖吸引人的方式来表达之外，还有三层意思。

第一层意思是，演讲内容要和听众密切相关。

提升观点留存率，首先就要确保自己所讲的内容对听众有价值。价值点越高，留存率越高。如果谈话内容本就是听众想听的，人们会非常认真地听你发言，甚至忽视你的某些错误，比如世界杯期间，大家本就很想听足球解说员的"激情演讲"。人们之所以不喜欢听"汇报"，是因为跟自己"不相关"。人们不喜欢听"广告"，是因为广告多半是为了把听众的钱装到自己口袋里。

提供对听众有价值的信息，也就是上一节里谈到的，要对听众有"可迁移知识"。换句话说就是，"不偏激、无观点"是建立在以听众为中心上的"偏激"。具体做法如下：

（1）分析自己的听众及其构成，识别、理解和排列你的听众，把听众分成 ABCDE 等各个群体。

（2）头脑风暴列要点，罗列出各个群体想听的话题、不想听的话题、不想听也必须讲的话题。

（3）列定表达的要点内容后，搜集最能与听众引起共鸣的素材，组织表达的策略。

第二层意思是，对自己要表达的重点要有所"倾斜"。

什么都说，一定会让听众觉得太琐碎，等于什么都没讲。整个演说过程一定要紧紧围绕主题，突出重点和关键，从而让听众印象深刻，听众才会帮助演讲者传播。演讲者要有清醒的认识，技巧是为了让内容的感染力更强，把内容深深地烙印在听众心上，而非让听众感觉演讲者在"自我炫耀"。

第三层意思是，态度要肯定。

作为一个演讲者，不能自降权威。模棱两可的态度会降低主讲人的"权威",让听众感到你在自我否定。当你对自己的话题重点,做足了准备,就要用确信的态度,肯定的语气和声音说出来。试想一下,比尔·盖茨演讲时,开场的这句话,如果从原来的"每个人都需要一个教练"变成"也许,我们每个人不妨找一个教练",作为听众会是什么感觉?准备的意义就是在这里,能够让你表达自己观点时充满底气。

听众只能记住"3"个要点

无论你讲了多少要点,听众只能记住3点。

比如,听众有5个主要群体,想听10个话题、不想听4个话题、不想听也必须讲的有6个话题,把这些要点都罗列出来,分门别类做出应对。演讲中不会有那么多时间讲太多要点,大部分演讲一般只包含两三个要点。不管一个演讲要讲多长时间,如果你有太多的要点,听众肯定记不住。

如果演讲者觉得每个观点都很重要,那就没有什么重要性可言了,必须要有所舍弃。如果列出的要点太多,可以将它们分成几类,分别做减法而非加法。通过内容"漏斗"筛选之后,留下来的才是"关键点",需要表达的重点。

围绕表达的重点,组织素材,选定最佳表达策略

抓住重点,才能深入人心。要点和顺序取决于三个方面:演讲主题、演讲目的和主要听众构成。确定了要点之后,还需要排列它们在演讲中的顺序。这同样非常重要,它会影响到观点的清晰度和说服力。

一切为中心论点服务,才不会乱出牌乱章法,把核心观点搅浑。公众演说的策略,和向领导汇报一样要讲技巧。表述策略不当,特别

是重点不明晰会模糊演讲目的，听众会觉得演讲人思路很混乱。

大家可能听过这样的演讲，演讲者在举例时牵出了另外一个话题，由于自己或听众特别感兴趣，结果讲这个话题讲了十几分钟，最后主讲人自嘲道："好像有点跑题了，跟我们的主题有一点不相关，好，我们再回到原来的主题。"

我见过很多演讲者在表达自己观点的时候总是特别拖沓。拖沓的感觉就是说话很多，但是听众能入耳的很少。"婆婆妈妈"式演讲反而激起听众的排斥，入心的就更少了。对于听众而言，平淡无奇、过于琐碎的内容等同于无观点，因为分享的"信息"无助于他们记住你的观点，反而成为让听众"走神"的因素。就像一个聊天时天南地北什么话题都能扯的人，总让人觉得不够真诚。演讲时不紧扣主题，也会让听众觉得没有做足准备。

多次重复，就能让你的观点和想法更深入人心

演讲是说的艺术，如果你不会讲很有冲击力的语言，观点的冲击力也会减弱不少。而精于此道的人，即使很普通的话语，也能深入人心。平时表达自己观点时比较温和，不好意思"发难"的"内向型"演讲者，不妨运用一个简单的"超级外挂"来提升观点在听众心中的留存率。这个"超级外挂"就是重复。

1963年8月28日，马丁·路德·金在华盛顿林肯纪念堂前的台阶上，发表了题为《我有一个梦想》的著名演讲，标志着20世纪黑人民权运动进入高潮。这可以算是人类历史上最成功的演讲之一，后来，演讲的内容被刻在了纪念堂的台阶上。马丁·路德·金的这次演讲就用了"反复"这种修辞方法，更确切地说是"首句重复"，给人们描绘

了一个美丽的愿景。半个世纪过去了,这愿景的力量至今没有褪色。2013年8月28日,美国首位黑人总统奥巴马也站在这个地方发表讲话,以此纪念《我有一个梦想》发表50周年。

"我有一个梦想"这个短语连续八次出现在了句头,简直成了语气词。这一点是任何演讲者都能轻松模仿的。

有一次李敖接受采访被问道:"台湾最有学问的人是谁?"李敖回答:"第一名是我,第二名是我,第三名还是我。"于是,人们也轻松地记住了李敖的语言和观点。简单地重复强调,给人留下了深刻的印象,提升了观点的留存率。演讲的最初级目标,就是要人记住自己的观点。

演讲是抢夺眼球和耳朵的艺术,如何在尽可能短的时间内给听众留下深刻的印象?"偏激"的表达是一种办法,"重复"也是一种方法。

"左顾右盼"的坏习惯将降低观点留存率

第一,没有时间概念,长篇大论。

长篇大论的演讲,应该每个人都听到过。我们可以理解演讲者的心情,总是想把所有的要点都讲到,每个要点都想讲得特别清楚,但听众的注意力是有限的,不可能一直高度关注。当下面向社会公众的会场演讲已经被安排得越来越短了,从最初的一个小时到几分钟。演讲者应该适应新形势,训练自己在10分钟、3分钟,甚至极端情况下在30秒之内把一个话题说清楚。

第二,使用不接地气的语言。

我们每个人从小到大都听够了那些不接地气的演讲,这样的演讲不需要再举例了。那些让耳朵都起茧的词汇和概念,那些放之四海而皆准的理念，我能想到的最好用途就是催眠了。

为什么不能换一个说法呢？为什么不能更接地气一些？原因也很简单，演讲者害怕说错话，认为语言不严肃的风险要远远大于没人听的风险。这种演讲只是走走过场，耗费台下所有人的时间，他并不需要对此负责。

第三，总想着面面俱到。

演讲中，想要提到所有的点，想要照顾到所有人的情绪，想要把每一句话表述得滴水不漏，这样的演讲稿一定也准备了很久，但它同样没有生命力，它是死的语言。你会发现，这样的演讲词里每一句都有好几个定语、补语，那么它就像法律条文一样严肃。

大多数人不会有那么多时间，什么都要讲，那就没什么重点可言了。撒胡椒面式地呈现观点没有任何意义。

对于每一个提到的要点，也要尽量简短地表达，能讲故事的就不要用数字，能用数字的就不要用文字。如果演讲者每提到一个名词都要规规矩矩地讲它的专业定义，那么整个演讲过程就成了读专业词典了。

第四，只见树木不见森林，没有整体的表达策略。

策略之所以重要，是因为表述策略不当会让演讲目的不明确，听众会觉得你的思路很混乱。再加上人类大脑的临时记忆里，一般上限就是7个元素模块。策略顺序不当会加大元素模块的记忆负担。

演讲内容的每一个部分都要呼应主题，不管是讲故事也好，示例也好，自己丢出去的飞盘，总要能接得回来。从小学就开始锻炼的总结"中心思想""段落大意"这些基本功可千万不能丢了，它真的有用。

第6节　如何缓解紧张的情绪

其实，每个人都会紧张

巴菲特在年轻时也"害怕"过公众演讲，总是尽可能地避免开口讲话。他为了克服这个困难，报名参加了戴尔·卡耐基的培训课程。可是课程还没开始，他就后悔了，在门口打起了退堂鼓，他觉得还没有做好准备，是个"害怕站起来说出自己名字"的人。开弓没有回头箭，他硬着头皮走进了教室，结果发现班上另外的30名学员也一样"害怕站起来说出自己名字"，因此就不那么紧张了。

紧张是每个演讲者都会遇到的普遍情况。面对一群新的听众，心生恐惧是人之常情。事实上，即使是一些最伟大的演说家，也曾觉得当众讲话不是一件容易的事。丘吉尔就说过："人生中有三件最难的事情：第一，爬上一堵向你倾倒的墙；第二，吻一个决心要离开你的姑娘；第三，当众讲话。"

事实上没有人没紧张过，只是对待紧张的态度不同而已。有人把紧张看作起点，觉得不断练习就能克服紧张。有人把紧张看作终点，认为自己一辈子都不可能当众讲话。恐惧只是起点，但很多人却把它当成了终点。世界上只有两种人，一种是紧张的人，一种是假装不紧张的人。假装不紧张的人，是因为他们懂得了"抚慰"的技术——给自己安装几个让大脑舒服的"开关"。

紧张就像嫉妒，与生俱来的人性，只可抚慰，不能压制

我们发现，人性中有些问题是很难轻易克服的，比如说自私、嫉妒、紧张、爱与恨……其中，紧张和嫉妒最类似，这两种情绪都是在特定情境下才会突然发生。你一遍遍告诉自己，不要紧张，不要紧张，不要嫉妒，不要嫉妒，也无济于事。唯一能做的，是想办法抚慰自己的内心。

戚薇在《说出我世界》的舞台上有一次演讲，她是这么开场的：

"大家好，我是戚薇，我刚才已经用行动表达了我的紧张，呃，大家可能看到我的手上拿了一个本子，那这倒不是为了去证明我的职业是什么，而是我不知道，当你站在一个这样的场合的时候，究竟你的手应该要放在哪里，我不知道在座的各位有没有答案。

"从小呢，我妈妈就会提醒我不要这样不要那样，比方说关于手应该放在哪里这件事，我现在都可以想象的出。我妈会跟我说，不要叉腰，你是个女汉子吗？不要交叉在身边，那是让别人觉得没有安全感吗？不要背在身后，又不是一个干部，那也不能随便乱挥舞，好像你不是一个淑女。所以手到底应该要放在哪里，我没有答案。

"你们有吗？在这样的时刻，我们会不会有一个人告诉我们，我们的手应该要放在哪里，所以我就拿了一个本子，在需要的时候缓解一下我的尴尬，当作我临时的支持。"

通过这个例子，大家可以知道，说"不要紧张"其实没用，人们只相信自己的体验。即便我告诉大家，你的紧张别人根本看不出来，但大家还是会一如既往地感到紧张。

经常主动剖析自己在什么情境下容易紧张，提前给自己做好标注，找到适合自己的"抚慰"手段后，你就等于给自己安装了几个让大脑舒服的"开关"。让大脑舒服的开关通常有以下选择：自嘲、幽默、深呼吸、把听众移情……

"紧张"的背后是追求完美和害怕失败

我在《奥普拉脱口秀》里找到了这么一段话，她说："每次我采访完嘉宾之后，我认为他们表现得非常好，节目录制的效果也非常好，但嘉宾结束完整个录制，都会拉着我问：'我刚才表现得还可以吗？'我才发现，原来我们每个人的内心都会担心自己不被别人认可。"

过于在乎他人眼中的自己，会造成"完美压力"。演讲和穿着打扮有时是一样的，有的人怎么打扮都觉得自己不够漂亮。"哎呀，怎么这款项链戴在别人脖子上更漂亮啊？我是不是该买红色而不是绿色？裙子是不是该长一点点？"就是过于在乎别人的眼光了，不够自信。演讲也一样。"哎呀，这句话我忘记讲了，那句话我是不是不该说？那家公司的老板就坐在台下呢。"有时，"紧张"背后的原因是过于追求完美，害怕失败。

渴望完美的人只会活在完美压力下，渐渐变得更紧张，成为对自己的"加害者"。我在辅导演讲者时，问他们："到底是什么让你对完美如此期待？"他们内心真实的害怕是别人对自己的评价和反应："别人会喜欢我吗？别人会认同我吗？别人会嘲笑我吗？别人会挖苦我吗？"

迈克尔·乔丹曾说过："如果你接受别人的期待，尤其是负面的预期，那么你决不会想去改变结果。"放在演讲上也一样，很多人一直在接受别人的负面预期，从而紧张得不得了。

"紧张"可能源自于既往被否定得太多

2019年6月，有一个许久没联系的朋友发来微信语音，她说："明天我就要在公司年会上发表优秀员工获奖感言，我好紧张。"

我问她："如果所有你认识的人都在台下，你必须从中要找一个人出来，这个人让你最紧张，她会是谁？"

她说："我老……妈。"出乎我的预料，也仿佛听到了她颤巍巍的声音。

接着我问："那么从中找出一个可以让你最放松的人，你希望是谁？"

她过了好久都没回复，我还有点小失落，因为很想知道答案。

大概过了45分钟，她回复我说："不好意思，刚才我辅导孩子作业去了，气死我了！我让他先自己反省一会儿，等下再去检查。我想来想去，还是想不出到底谁坐在台下我不会紧张。"

她叹了一口气，大概是进一步缓解了情绪，继续说到："从小，我妈妈就在生活中用情感打压我。妈妈热衷于找到我的一丁点小错误，甚至我没犯错，也要给你整出错来。然后不断放大，指责我，不断强调'你不应该''你怎么这么蠢'……毫无顾忌地发泄自己强烈的愤怒，用命令式、质疑式语气让你产生自我怀疑。渐渐地，我变得不敢表达，自责委屈，觉得自己不够好。就这样她达到了想要的目的——控制我，让我觉得'只有听她的才对'"。

事实上，她此刻也在对孩子做这样的事情。

活在"完美"压力下和成为"完美"施暴者的人岂止她一个，即便是那些我们认为已经表达得足够好的人，也有这样的烦恼。戚薇在一次分享自己成长经历的演讲中，就坦言那种追求完美带来的否定让她无所适从。她说："我相信在座的很多朋友，跟我有同样的感受，否定这个事情，是我们中国的家长特别特别在行的事儿。他们特别需要用否定你来刷存在感，不管他内心的想法到底是怎么样的，他一定跟你说你这样做不对，你那样做不对，要用批评来表达情感。我就是这样一个在充满批评和否定的环境中长大的少年儿童。"

自我解嘲，转移注意力

当紧张不可避免时，可以尝试自我解嘲方式。

朱德庸在作《童年的力量》主题演讲时，是这么开场的："我小的时候是一个非常自卑的人，我特别怕人多的场合，但是今天竟然已经站上台了，也没办法走掉了。"台下的掌声和笑声响起，他随后继续说："我小的时候因为不见人，怕人，所以我就研究昆虫，那索性我今天就不把大家都看作人吧。"观众的掌声和笑声再次响起。

这段话在一般人讲来是废话，但朱德庸作为知名漫画家，台下都是他的粉丝，情况就不一样了。他讲点自己小时候的糗事，缓解了自己的紧张情绪，大家反而觉得他比较可爱，比较有烟火气，和自己一样也是普通人，从而拉近了心理距离，紧张转化成了亲和力。他告诉我们，如果开始演讲时很紧张，就把台下的听众都当作昆虫好了，那是他小时候熟悉的倾诉对象，面向童年的小伙伴们演讲，就不会紧张了。

有时也可以采用转移注意力的办法来缓解紧张情绪。比如说歌剧大师多明戈，他说自己在每次演出前都是很紧张的，所以他就会在后台找一个小钉子拿在手里，让自己所有的负面能量都集中在这个钉子上，然后可以尽情地来歌唱。

不妨"假装镇定"

外在表现和内心有时差异很大。我在演讲或培训的间隙，会和其中一些熟悉的听众或学员交流。当我讲述自己在哪些片段经历了紧张，哪些片段发挥得不错之后，他们的感受有时竟然相反。关于感受，人们在潜意识里是不愿意被他人主导的，更相信自己的判断。

据我观察，演讲者紧张或不紧张，从表情上不太容易看出差异来，如果不是事后仔细分析，听众根本不知道。90%的演讲者出现紧张情绪时，只是自己有感觉，别人并不知道他在想什么。即便有人觉察到演讲者紧张了，通常也不会太在意，多数演讲都不是表演比赛，大家想听的还是内容。所以，既然他人根本无法觉察，你就索性"假装镇定"到底吧。无论出现什么情况，都相信自己"没问题，我一定可以说服大家"。此刻你能做的，就是接下来讲得更好。

我在上场之前一般会做深呼吸半分钟，当身体放松时，它会向头脑释放出一个信号，那就是"没关系""没有什么了不起"。

还得尽量少说"废话"

初次演讲的第一句话是什么？据观察，许多人初次演讲的第一句话是："嗯……我准备的还不是特别好，希望大家多多包涵。"

无论是紧张还是谦虚，这都是一句废话，会让演讲者和听众都很泄气。听众会认为没有得到尊重，后面讲得再好也只有60分，觉得演讲者至少还有40%的能量没发挥出来。如果这次会议是收费的，那等于告诉听众，他们很不幸买到了"次品"。没有人愿意听一场内容没准备好的演讲。既然已经站上讲台了，那么就好好讲下去。可怕的是，许多演讲者已经习惯了用这样的开场来缓解自己的紧张情绪："如果讲得不好，敬请原谅。"这句话像是一种口头禅。演讲者是否做了充分的准备，讲得好不好，听众能够自己感知出来，没有必要事先宣布。究竟是情绪没准备好，还是内容没准备好？

所以，即便是用自嘲来缓解紧张情绪，也要注意用词，避免废话。开场的时候，大家都在聚精会神地听你说话，大多数听众是台上讲什么就按什么去理解，难道还能要求大家猜测一下"他是不是太紧张了？"还不如干脆像朱德庸一样说自己很紧张。和主题没有关系又不能调节气氛的话语就是废话，这些废话无法缓解紧张情绪，还会让场面更加尴尬。

克服紧张情绪的几个好办法

最后，我总结了克服紧张情绪的几个小经验供大家参考。不过每个人情况差异很大，可以根据自己的情况总结出个性化的办法。

（1）预讲过程中可以录音录像，自己看一遍，做到心中有数。但演讲前的一刻钟没有必要在脑海中演练，这可能会让你紧张不已。

（2）尽可能提前到场。即便是经验丰富的演讲者，也应该至少在前一演讲者开始前抵达。方便自己熟悉场地、音响设备，和工作人员配合。

（3）对于初级演讲者，如果你的演讲比较靠后，可以趁茶歇时喝点红酒，适当的酒精会产生奇妙的效果。当然，有些人习惯喝可乐、吃巧克力，也是不错的减压办法。

（4）与主持人、其他演讲者沟通，也可以和现场观众聊聊。演讲时如果紧张了，就想象成你在和他们对话就好了。

（5）如果有可能，准备一个和主题相关的简短故事、笑话，开场时讲给大家听，讲完后就不紧张了。当然，如果你紧张得连故事都不知道怎么开口，那还是免了。

（6）深呼吸，握紧拳头再放松，或者其他小幅运动，如此重复几次。不要担心别人发现你的紧张,讲得好才是王道。当你经历了一切,人生获得成功之后,所有的尴尬都会成为美丽的插曲,届时你可以像那些名人一样向大家流利地讲述自己的糗事并以此为乐。

第7节 "预讲":
找到最期待听到你观点的人,先说给他听

人生需要"预讲"

那些张口即来,滔滔不绝的家伙真的是即兴发挥吗?当然不是,成功的演讲没有捷径,所有人都会提前做好演练。

钢铁大王卡耐基年轻的时候有一个自己的小圈子。他随家人到达美国后和5位密友一起加入了"韦伯斯特文学社",组成了一个圈子,相互联系密切。这个小圈子成立过一个小型的辩论俱乐部。卡耐基在自传中提到,对一个年轻人来说,在当时没有比参加这样的社团更有益的了。

他们保持固定频率的聚会,聚会的目的是为了练习当众讲话和辩论,练习的地点是在菲普斯先生父亲的屋子里。白天鞋匠在屋子里干活,晚上他们就在这里聚集着练习,这对小圈子里的所有人都是有益的。卡耐基曾经有一次在这个屋子里就"司法官是否应该由人民来选举"这个问题,讲了近一个半小时。

在鞋匠屋子里的辩论和当众讲话练习,使他的思路更加清晰、稳定,这仅仅是他们为自己做的准备。后来在观众面前他能够非常镇定自若,都要归功于"韦伯斯特文学社"的那段经历。

第二章 演讲思维

美国的孩子从小就开始了解演讲。中小学就开设了公共演讲课程，让孩子小时候学会人生"预讲"，并具备爱演讲、会演讲的能力，让孩子自信地沟通，学会独立思考，敢于解决问题。他们的教学体系中有丰富多样的资源、机会和方式，比如调查、研究、团队合作、实践演习等，让孩子们体会到人生的"预讲"，并以演讲为起点，同步提升阅读及写作能力。孩子们从小就勇于演讲不怕犯错，学会积极表达、自信思考、展开想象，并自然而然地建立沟通力、创造力、领导力。

我读了各种人物传记，发现了杰出演讲者大都具有的共性——预讲。宋氏三姐妹、胡适等人都有预讲的经历。

宋氏三姐妹的父亲宋耀如，不时地举行家庭演讲会。宋氏三姐妹及宋子文的演讲口才都是这么锻炼出来的。中学时代的宋美龄在学校里面属于年龄较小的学生，但是演讲起来却自然流畅，而且能够用中英文两种语言演讲，着实令老师们惊叹。在孩子们长大之后，宋耀如就创造机会，让孩子们能够有机会进行更大场合的当众演讲。

当然，并非每个家庭都能给孩子创造这样的环境。但即使是儿时错过人生"预讲"学习的人，成年后也可以通过挑选环境来完成自我训练。比如胡适的演讲能力正是得益于成年后的自我练习。李敖就讲过胡适的这段经历："胡适留学时，从康奈尔大学转到了哥大，为什么要转到哥大呢？因为胡适在康奈尔读书时整天演讲，喜欢辩论。他每年参加几十次演讲，讲中国应该怎么样，中国国防应该怎么样，中国海军应该怎么样，又关心古代的墨子……什么事情都去关心，精力充沛，忙得要命。因为演讲太多，谁都认识他，结果在这个小地方待不下去了，人家觉得这个学生不务正业。康奈尔大学在伊萨卡山城，是很小的地方，哥伦比亚大学在纽约市，没人认识他，比较自由。"

演说家就是这么锻炼出来的。

"预讲"就如运动员的"练习赛"

运动员打一场正式比赛之前，都要进行练习赛，就算这样，还不能成为主力，可能要做多年替补。如果你并不是一个演讲经验丰富的人，没有提前演练，毫无疑问会带来迟疑的毛病，这种迟疑不利于你爱上表达，不利于你把演讲力发展成为事业中最有效的"武器"。

"预讲"的形式丰富多样，之所以具有如此大的魅力，就是因为它能很好地模拟正式"尾声"的效果。我相信多数人在日常对话时，一点问题都没有，甚至讲得很有吸引力、有节奏感，也懂得去倾听交谈对象的反馈，但在演讲时却很难发挥出同样的水平。这可能会造成很大的心理阴影，让人觉得自己不适合演讲，不适合当众讲话。

事实上，通常人们在评价一件事情的时候并不都是全盘考虑的，而绝大部分人是依靠事件尾声部分的感受作为评价的依据。1993年，心理学家、诺贝尔奖得主丹尼尔·卡尼曼和他的同事们，在《心理学》期刊上发表了一篇论文，论文的标题取得很有意思：《什么时候更多的痛苦是首选？》。这篇论文分享了他和同事芭芭拉·弗雷德里克松、查尔斯·施莱伯以及唐纳德·雷德梅尔的研究发现，人们对于痛苦体验的评级是可以通过对比整体不适水平和结尾不适水平来预测的。并且这与痛苦体验的时长无关，人们记得最清楚的还是最后阶段的不适感。这项研究揭开了人们无法抹掉自己负面情绪和体验、判断的原因。

举一个生活中常见的例子：小孩子打针之后，大人给一颗糖吃，他就会几乎忘记打针时的疼痛。又如，顾客在餐厅碰到上错菜的情况会不愉快，不过店家及时发现，道歉并更正，结账时还免除了那道菜的菜金,顾客对餐厅不好的感觉也都会瞬间消散,下次还会带朋友去吃。所以,如果你有一次成功的预讲,将会给予你极大的信心,在正式演讲中发挥出更高的水平,这种概率是巨大的。

如果我们希望自己每次演讲前都很有信心,而不是沉浸在某一次失败的痛苦经历中,那么请记住这一条建议:努力将之前的体验在一个较高的评价上结束。较高的评价能让我们的记忆变得美好,"预讲"就能为你营造出这样一种高评价的体验。找到那个最期待听到你观点的人,先说给他听。当你记住了面对他演讲时那种轻松自信的感受,他为你营造的美好感觉和真诚的反馈,你就能演讲得更成功。

我相信,在生活中,一定有一个人,期待第一时间听你分享。他对你是有益的存在,他的反馈会影响你对自己的看法,帮助你实现良性循环。因为"尾声"效应告诉我们,结局往往影响我们对整个事情的看法,在正式踏上舞台之前,让"预讲"的结局变得更好也很重要。

"预讲"结果不理想,如何重新组织自己的表达策略?

你在信赖的朋友面前"预讲"后,如果他真诚地反馈"预讲"效果不够理想,我建议你重新思考一下这三个问题:自己真正想要表达的是什么?表达的目的是什么?表达的内容有什么意义?

这三个问题能帮我们再度明确目标和意愿,把自己"预讲"时那些断续的表达和脑海中那些模糊的意图变得更清晰。同时,可以告知你的朋友你要表达的这三点,他了解你的意图后,会告诉你他理解的差异,帮助你完善"预讲"中的欠缺。

长期的记忆依赖于连贯的知识。为了让别人理解,必须找到漏掉的那一环。因此,通过演讲向公众解释那些复杂事物或概念时,不妨先与同事或朋友分享演讲稿，面向这位私人听众先试讲，主动向他提问：能听懂吗？是否有不理解的地方？把这些不理解的地方记录下来，越具体越好。接着厘清自己的思路，为你想说的话找到准确的用语。

当语言不能再"简化"时，不妨从素材上找突破。很多人会以为说自己熟悉的话题，就能轻易引起听众注意。事实上，即使是你熟悉的话题，素材选择上也很有讲究，关键在于你能否找到那些最能激起听众共鸣的素材。比如，现在你手上有五个素材，但其中有四个不是人人都有的体验，就得排除掉这四个，只留下那个人人都有"痛点"的。演讲时间有限，只能选最能激起共鸣的。

不管在什么地方彩排，对谁彩排，最好能提前一天去场地，进行一次真实场景中的"预讲"。现场还需安排一位"干扰者"，因为越接近真实的环境，越有可能在现场被"打扰"，比如手机铃声响起、观众走动等。安排一个朋友在旁边专门负责"干扰"你预讲，如果这一步你也能克服，同时让听众不开小差，你就会有一种倍感自信的感觉。这样你会充满了激情，盼望着正式演讲早点到来，因为你已经能应对任何可能遇到的情况。

第三章
演讲声音

> 只要有声音和内容,演讲就可以进行,比如通过广播传递。演讲的几个要素当中,声音无疑是最有表现力的。相对于内容投屏、讲者肢体动作等视觉要素来说,声音具有更高的首位度。

第1节　好声音让你的演讲更具影响力

声音的价值

声音和动作,是高等动物交流思想的工具,而语言和文字则是人类社会传承文明的主要方式,这里的语言包含了声音,又单独支撑起了口述文明。演讲中的声音,我们说话中的声音,实际上指的是语音,不仅仅包含单纯的声音,也涉及语言范畴内除了声音之外的一些社会特性。比如我们说某种声音很庄严,某人的声音有气场,或者说讲故事的声音透着神秘,这在动物界是不存在的,它们与社会文化相关。

声音和文字在传递思想方面的作用都很大。"言为心声"指的就是从一个人的说话中可以知道他的思想感情。文字是让人思想"可视化"的工具，但它的传播不如声音直接便捷。声音的传播门槛低，文盲也可以听懂演讲，甚至刚学会说话的孩子也能听懂。

"声音能引起心灵的共鸣。"声音，作为释放影响力的重要工具之一，它非常具体和高效，只要一开口就能建立。能够把内在思想感情准确传递给听众，引起听众共鸣的声音，就是有影响力的"好声音"。如果声音很平淡，那就无法激起听众共鸣，甚至会让听众走神。想要演讲内容有感染力，声音就要有感染力。发起挑战时，一定要用声强硬；表达爱意时，一定要用声柔软，只有这样才能把你的内在思想感情准确传递给听众，引起听众相同的思想感情。

每个人都可以练就好声音

天生一副金嗓子当然是宝贵的财富，好声音的确会让你的演讲更具影响力。但是，有人的声音是由于天生的声带闭合不够好，所以比较沙哑。不过没关系，沙哑的嗓音也能通过释放出声音里的变化，从而对演讲进行完美控场。有的人说话带有方言腔，或者说有浓重的口音，但也没有关系，只要你带着真诚去讲，略带口音的声音反而会带来辨识度。历史上很多著名的演讲者的声音都很有辨识度。

温斯顿·丘吉尔原本有点口齿不清、口吃、鼻音重，但他后来大量采用短句，练习反复句式，采用排比手法，加之当时局势紧张，在那种环境下不自觉地把重音用得很好，形成了"铁腕"演讲风格。第二次世界大战进行到最艰难的时刻，他通过广播慷慨激昂地发表关于援助苏联的演说，他的声音通过电波给英国人、欧洲大陆人民带来了希望，号召全世界人民团结起来共同对抗法西斯，对扭转战争局势起了积极的作用。丘吉尔讲道："我们只有一个目标，一个唯一的、不可变更的目标。我们决心要消灭希特勒，肃清纳粹制度的一切痕迹。什么也不能使我们改变这个决心。什么也不能！我们决不谈判；我们决不同希特勒或他的任何党羽进行谈判。我们将在陆地上同他作战；我们将在海洋上同他作战；我们将在天空中同他作战，直至借上帝之力，在地球上肃清他的阴影，并把地球上的人民从他的枷锁下解放出来。"

而在此之前，英国国王乔治六世，遇到了比他的海军大臣丘吉尔更严重的语言表达挑战。国王是一个从来不敢在公开场合开口说话的人，是一个更加严重的口吃患者，不过他同样有着顽强的意志，他在语言治疗师罗格的帮助下，克服了语言表达障碍。1939年9月1日，德国入侵波兰。由于和波兰的联盟关系，英法对德国发出最后通牒，48小时后必须宣战。9月3日，乔治六世发表了流畅庄严的对德宣战演说，在关键时刻鼓舞了国家士气。

没有两个人的声音完全一样，正因如此，我们更要学会符合自己风格的声音运用术，在原有的基础上扬长避短，掌控声音的细节。

声音的基本要素

声音有4个基本要素：音量的强弱，音调的高低，速度的快慢，音质的好坏。

这是我们每个人可以操控自己声音的4个基本能力。声音比较单一的人，他对这4项基本能力的操控也比较简单，换句话说就是一个人可以发声而已。但是一个人要用声音来进行艺术化的创作，来感染他人、影响他人，就不仅仅只是操控着4项基本元素的基本构成，他要用4项基本元素的变化创造出两极间的丰富世界。两极的变化频率越高，它们之间层次显示越多，所展现出的声音感染力就越强。

声音的感染力

我们通过一个详细的案例来体会声音对听众的感染力是如何具体发挥效用的。这个例子是2019奥普拉在金球奖上的演讲。这不到十分钟的演讲，奥普拉无论从控场能力、气势、语音、语调，还是思维、逻辑、内容，都完全展现出了她作为一名全球知名脱口秀主持人的超高功底。

人的声音，是所有人都能弹奏的乐器，也是最有影响力的乐器。在这个世界上，你不会找到两个人的声音一模一样。我们的声音是除我们的面孔之外，被他人记住的另外一个显著特征。当它强硬时，可以引起战争；当它柔软时，可以传递爱意。

声音应随着内在情感的变化而自然变化。许多演讲者由于没有注意到这一点，导致演讲时声音僵硬、平淡、无波动。只有演讲者使用声音的方式触及听众的灵魂，演讲才能触及听众的灵魂。而对声音的具体使用，就体现在音调高低、音量强弱、语速快慢、强调方式的发音变化上。当两人对同一段内容进行演讲时，有变化的那一位，一定能让演讲更有影响力。

我用图表详细呈现出奥普拉在这场演讲中的"声音旋律"，通过掌控音调、音量、语速、强调方式的变化，让其声音在演讲时"充满变化"，发出心灵的"电波"，激发听众的共鸣（见表3-1）。

表 3-1

演讲内容	声音变化
In 1964, I was a little girl sitting on the linoleum floor of my mother's house in Milwaukee watching Anne Bancroft present the Oscar for best actor at the 36th Academy Awards. She opened the envelope and said five words that literally made history: "The winner is Sidney Poitier." 1964年，我还是一个小女孩，坐在密尔沃基家里的油毡地板上，看安妮·班克罗夫特在颁发第36届奥斯卡最佳男演员奖。她打开信封，说了一句创造历史的话："获奖者是——西德尼·波蒂埃。"	音调：高—低 音调：低—高 语速：快—慢 强调方式：高慢—低慢
Up to the stage came the most elegant man I had ever seen. I remembered his tie was white, and of course his skin was black—and I'd never seen a black man being celebrated like that. 随后迈上舞台的，是我见过最优雅的男士。我还记得他的领带是白色的，当然，他的肤色是黑色的——我从未见过黑人享受如此大的荣耀。	音调：高—低 语速：慢—快 强调方式：高慢—低快
And I tried many, many, many times to explain what a moment like that means to a little girl, a kid watching from the cheap seats as my mom came through the door, bone tired from cleaning other people's houses. But all I can do is quote and say that the explanation in Sidney's performance in *Lilies of the Field*: "Amen, amen, amen, amen." 有无数次，我都想解释这一刻对当时的那个小女孩的意义。那时的我就坐在一把廉价的椅子上，看着给别人打扫完房间的母亲，正精疲力尽地回到家中。但我所能做的，唯有引用电影《野百合》中西德尼的角色所言："阿门，阿门，阿门……"	音调：高—低 语速：保持匀速 音调：低—高 强调方式：高快—低慢
掌声	
In 1982, Sidney received the Cecil B. DeMille Award right here at the Golden Globes and, it is not lost on me that at this moment there are some little girls watching as I become the first black woman to be given this same award. 1982年，西德尼正是在金球奖上，被授予塞西尔B.德米尔奖。而我也依然挂念着，此时此刻，有一些小女孩正看着我，看着我成为获得这一奖项的第一名黑人女性。	音调：高—低 语速：高快—低慢—停顿—低快 强调方式：高快—低慢

（续）

演讲内容	声音变化
掌声	
It is an honor - it is an honor and it is a privilege to share the evening with all of them and also with the incredible men and women who have inspired me, who challenged me, who sustained me and made my journey to this stage possible. Dennis Swanson who took a chance on me *for A.M. Chicago*. Jones who saw me on the show and said to Steven Spielberg, yes she's Sophia in '*The Color Purple*.' Gayle who's been the definition of what a friend is and Stedman who's been my rock. Just a few to name. 能跟那些女孩儿，跟所有激励过我、挑战过我、支持过我、使我得以走上这个舞台的所有了不起的人们共度今晚，这是我的荣幸。包括当初给了我这个机会，让我主持《早安芝加哥》的丹尼斯·斯旺森；包括琼斯，他在那个节目上看到我后，就对斯蒂芬·斯皮尔伯格说，"没错，她就是《紫色》里索菲亚的不二人选"。还有盖尔，她定义了什么是朋友，以及斯特德曼，我坚强的后盾。这样的人还有很多。	音调：高—稍低 语速：慢—快 语速：保持快速 语速：保持快速 语速：保持快速
I'd like to thank the Hollywood Foreign Press Association. Because we all know the press is under siege these days. But we also know that it's the insatiable dedication to uncovering the absolute truth that keeps us from turning a blind eye to corruption and to injustice. To-to tyrants and victims, and secrets and lies. 我想感谢好莱坞外国记者协会，因为众所周知，这年月，媒体身陷重围。但我们也都知道，正是对揭露绝对真相的奋不顾身，我们才不会对这个世界上的腐败和不公视而不见，才不会对暴君和受害者、对秘密和谎言视若无睹。	音调：低—高 语速：保持快速 语速：保持快速 强调方式：高慢—高快—低慢略停顿—高慢
掌声	
I want to say that I value the press more than ever before as we try to navigate these complicated times, which brings me to this: what I know for sure is that speaking your truth is the most powerful tool we all have. 我想说，当我们在这个错综复杂的时代中，试图摸索着前进时，我比任何时候都更敬重媒体。我想，我敢肯定，说出真相是我们所有人拥有的最有力的武器。	音调：高—低 音调：低—高 强调方式：音量加强—高慢

（续）

演讲内容	声音变化
And I'm especially proud and inspired by all the women who have felt strong enough and empowered enough to speak up and share their personal stories. Each of us in this room are celebrated because of the stories that we tell, and this year we became the story. 尤其让我骄傲、让我倍受鼓舞的,是那些内心足够强大、有足够勇气,能够站出来发声、分享个人经历的所有女性。在场每一个人的荣耀,都源于我们讲述过的故事,而今年,我们成了故事本身。	音调:高—低 音调:低—高 音强:强—弱 强调方式:音量加强—高慢
掌声	
……	
They're the women whose names we'll never know. They are domestic workers and farm workers. They are working in factories and they work in restaurants and they're in academia, engineering, medicine, and science. They're part of the world of tech and politics and business. They're our athletes in the Olympics and they're our soldiers in the military. And there's someone else, Recy Taylor, a name I know and I think you should know, too. 我们永远不会知道她们的名字,她们是家政工,是农场帮工;她们供职于工厂和餐厅,她们活跃于学术、工程、医疗和科学领域;她们是科技界、政界与商界的一分子;她们是我们的奥运队员,也是我们的军人。还有雷西·泰勒,我知道这个名字,我认为你们也需要知道这个名字。	语速(慢)—语速(快) 语速(再快)—语速(放慢) 音调:高—低
掌声	
……	
She lived as we all have lived, too many years in a culture broken by brutally powerful men. For too long, women have not been heard or believed if they dare to speak the truth to the power of those men. But their time is up. 她就像我们一样,在被强大得无以复加的男性所击碎的文化中,生活了太多太多个年头。长久以来,每当有女性无惧男性权威,敢于说出真相时,人们要么对其充耳不闻,要么根本不信任她们。但这些男人的时间到头了。	音调:高—低 音调:低—高 强调方式:停顿后说出重点关键词 But their time is up.

（续）

演讲内容	声音变化
长时间掌声	
Their time is up. 他们的时间到头了。	强调方式：音量最强—音调升到最高
观众起立长时间的掌声	
Their time is up. 他们的时间到头了。	强调方式：重复
……	
……	
……	
So I want all the girls watching here, now, to know that a new day is on the horizon! 因此，我希望，所有此时此刻正在听我讲话的女孩们能够知道，新的日子即将来临！	音调：低—高 强调方式：音调高—音调再高—音调最高、音量最强、语气无比坚定
长时间掌声	
And when that new day finally dawns, it will be because of a lot of magnificent women, many of whom are right here in this room tonight, and some pretty phenomenal men, fighting hard to make sure that they become the leaders who take us to the time when nobody ever has to say "Me too" again. 而那一天的曙光，将是无数伟大的女性——包括很多在场的女性，以及一些了不起的男性——努力争取的结果，正是这些努力，确保了她们成为领袖，带领我们走向一个不用再说"Me too"的时代。	整段强调：音调最高、音量最强、咬字最重、语气无比坚定 强调关键词"Me too" again 时，音量最强
Thank you！ 谢谢！	
长时间掌声	

奥普拉没有使用任何其他的演讲辅助工具，比如大家常常使用的幻灯片。其他辅助工具的出现反而会分散听众的注意力。她仅仅用自己的声音作为工具，调动观众的听觉感官。任何演讲者都离不开声音。充满激情和变化的嗓音是可以训练出来的。让你的声音更富有吸引力的秘密就是让它充满变化。

奥普拉演讲时的声音就是如此，时刻变化着，并且在少有的几处，声音颤抖并有些许哽咽，透露出深厚的情感，再配合着经过推敲的有力话语激发每一个人的深层次情感。演讲结束后，观众起立鼓掌，雷鸣般的掌声经久不息。

你演讲时的声音听起来是怎样的？凝重庄严、朴实无华、慷慨激昂、幽默家常还是轻柔秀美？不管属于哪一类，都可以肯定你的声音是独特的。忽略了声音，你就损失了至少30%传播影响力的契机。"音容笑貌"造词时已经意识到音、容、笑、貌的先后顺序，但在实际使用的层面上，人们却完全忘记了它。

停顿也是"变化"

最容易学习的"变化"就是停顿。

创造声音变化的方式，不仅有调节音量的强弱，音调的高低，速度的快慢，还有让声音产生"空隙"。高低起伏的变化丰富了演讲者的声音，成了演讲者语气、语调的主要构成，形成了演讲者整体的"语势"。

演讲和音乐一样。旋律是由音符和沉默共同构成的。演讲者如果没有时不时停顿一下，感染力一定会减弱。适时"保持静默"，就像舞者出场前，舞台灯光全部熄灭的那一刻，"保持静默"给舞台营造出启示感，观众凝神静气，等待幕布拉起，灯光点亮，舞者出现。

奥普拉演讲时，每当要进入下一个新的话题点，或要在前一层意思上递进时，都会停顿。她的停顿有短有长，有时是略停顿，有时停顿得久一些，用这些"留白"突出更重要的内容。最容易学习的"变化"就是停顿。马丁·路德·金在《我有一个梦想》的演讲中，每说出一遍"我有一个梦想",就会停顿 3 秒。听众的心被他吸引,很好奇:这个梦想是什么?随后,马丁·路德·金自己说出答案。

最容易学会的"变化"是停顿。有停顿的声音,会带有一种启示感。让听众理解前一段演讲的意思,让听众期待下一句演讲的内容,让听众有空隙鼓掌,都需要演讲者主动停顿。学着去做到在词与词、句与句、图片与图片间留白,让观众有时间去吸收你发出的信息。

第 2 节　演讲时 3 种致命的用声错误

3 种致命的用声错误

演讲是一对多的沟通,人越多,信息损耗就会越多。损耗通常是由这些阻隔造成的:

声音的阻隔:清晰是声音的基本要求,演说时的声音如果含糊不清,演讲者将彻底失去影响力。

语言的阻隔:使用不接地气或冗长的语言,只会造成听众的理解成本过高。

表达策略的阻隔:信息结构、顺序不清晰会让听众认为演讲者意图不清晰,思路很混乱,内容不连贯。

声音的阻隔并非是由声带疾病引起,多是因错误的用声习惯导致,它会减弱演讲者的说服力。想"一呼百应""出口成章",声音的使用上要注意这 3 点:

切忌声音含糊不清:声音一定要清晰,咬字松散、能量不够,都会造成语音模糊。

切忌毫无变化：一定要让声音释放变化，从头到尾平铺直叙会让听众想睡觉。

切忌口头禅过多：减少无意识的口头语，剪掉无端的空隙、停顿、重复。

声音含糊不清

声音含糊不清，意味着信息传递在第一层级就被阻隔了。含糊不清的原因主要是吐字不清晰、音量太小、语速过快。

从第一句话开始，就要注意观察听众的反应。但如果自我介绍时，听众就出现皱眉的困惑表情，演讲者就要引起注意，自己的声音是否存在含糊不清。皱眉，这是人展示困惑的征兆，提示你咬字清晰一些。

如果后排听众作出努力把身体往前倾、费劲听的动作，通常是由于演讲者音量太小造成的。每个人都有自己的常用音量，如果没有人反馈给我们，或我们自己不主动观察听众，常用音量太小就会固化成习惯。演讲时的声音音量并不是固定的，需要演讲者灵活变动。演讲开始，迅速观察后排听众的反应，甚至可以直接问："最后一排的听众能轻松听见吗？"以此来确认音量是否合适。

丘吉尔也曾有轻微的口齿不清，有时甚至还出现鼻音很重的情况，但这些都没有影响他成为一个伟大的演说家，因为他根据自己的情况做出了改变。比如，他的演讲就多采用短句。

声音毫无变化

除非你是被全世界知晓的大科学家霍金，即使运用毫无变化的人工智能声音为自己发声，人们也会静心倾听。但讽刺的是，很多人的声音甚至还比不上霍金的电脑语音。因此，你必须要让自己的声音听起来至少别像"机器人"。

无论演讲时间的长短，如果你只用一种声音来表达自己的思想，你的思想也会听起来单调乏味。听众天生就喜欢多元的感官体验，否则有声电影就不会取代无声电影，彩色影像也不能取代黑白影像。

给大家讲一个重塑声音的故事。罗杰·伊伯特是一个影评家，2011年在TED做了一场演讲，但用的不是自己的声音。因为疾病夺走了他的声音和进食能力，所以他不得不像霍金一样，用人工智能代替自己发声。但与霍金不同的是，他同时请了3个人一起上台演讲，与人工智能的声音共同配合，发出4种声音。

正是因为影评人的经验，让他知道要抓住听众的注意力是一件不容易的事，必须要在有限的时间内释放出足够的变化。于是，罗杰·伊伯特使用人工智能的数字语音大约1分钟后，突然说："听数字语音，只要时间稍长，就会变得乏味。所以我决定请我的几位朋友大声地把我的话读出来。"这时查兹、迪恩·奥尼什和约翰·亨特这三个人走上台，与他并肩而坐，用他们的声音完成了整场演讲。这就是一个被夺走了声音的人在演讲时的声音运用。为什么声音依然健康的我们，却固守着一成不变的用声方法而不肯改变呢？我们的确需要改变一些发声习惯。

任何人都能发出4种声音——高快、高慢、低快、低慢，即使是认为自己"一成不变"的人。为自己的思想释放4种声音，就能满足听众的感官期望，他们将用聚精会神回报你。

口头禅是"病"，别张嘴就来

口头禅让演讲"拥挤"不堪。过多的"嗯""啊""哎"会让我们的演讲支离破碎，让听众失去耐心。由于声音"混乱"而建造的阻隔之墙，因为看不见，所以常被大众忽略。我的建议是，当你的口头禅快溜出来时，就保持"沉默"吧，让停顿来代替它。

让你声音听起来更自信的 3 个细节

首先，如果你要拿着麦克风演讲，那么要在上场前就调试好。上了台敲打麦克风会产生"噪音"，让听众烦躁。其次，上台演讲时拿话筒讲话要保持合适的距离，话筒离嘴巴太近，会发出自己紧张的呼吸声，回头看 PPT 时话筒没有同步会导致声音忽大忽小，听众的体验不好。最后，用停顿代替空隙、重复、无意识的口头语，声音就能听起来流畅、干练、整洁。这些是要注意且容易做到的 3 个细节。

第 3 节　凝重庄严型演讲者的声音运用术

从这一小节开始，我将从演讲者的"声音旋律"切入，带大家去认识声音里的四种语势：上行语势、下行语势、平行语势、曲行语势。什么风格配什么语势，正确了，就会增强风格；错误了，就会削弱风格。试想一下，如果金星演说时，声音轻柔甜美，"犀利"感还会存在吗？金句频出的马云演说时，声音缓慢低沉，还能鼓动人心吗？当然不会。

凝重庄严型演说者的代表人物，比如：白岩松、易中天、钱文忠等。他们演讲时，声音给人一种严肃认真、掷地有声的感觉，很适合严肃性的讨论和演讲。

之所以让听众有这种感觉，主要是"语势"这个隐形旋律在起作用。所谓语势，就是语流形势，是指根据思想感情的运动状态，语音产生的趋向和态势。演讲者内在的思想感情不同，语势必然不同。简单地说，就是人的语气、语调需要和内在的心情相协调。举个例子，家长辅导孩子写作业快崩溃时，说话的声音一定很冲。凝重庄严型的演讲者，研究的多是严肃课题，内心"戏"主要是——前景不乐观，忧国忧民，语音产生的趋向也和内心一致，主要是下行语势。

下行语势，顾名思义，声音一定是从上往下"落"的。比如，当我们感叹："物价真是越来越贵了。"声音就是从上往下"落"的。电视剧《蜗居》里，海萍因房价飙涨，气得吃不下饭时，声音也是下行语势，从上往下"落"。当你对自己的观点无比确信地说："我用生命担保！"也是如此。

以这类语势为主的声音，最显著的特点是：句头最高，而后顺势而下，状如下山，也叫下山语势。当你大量运用某一种语势时，声音的基本面貌就形成了。如果演讲者每一句话都是句头最高，而后顺势而下，状如下山，就形成了比较稳定的声音风格特征。凝重庄严型演说者的声音运用术，就在于对下行语势的大量运用。

我们举例看看下面这段话，语势的基本处理，可以读出声来，体会一下，大量运用下山类语势后，声音的变化：

那天早晨上学（下山），我去得很晚（下山），心里很怕韩麦尔先生骂我（下山），况且他说过要问我们分词（波峰，波峰就是整个分句或某个词声强比较高，在句中突兀出来，反之，波谷就是声强最低的部分），可是我连一个字也说不上来（下山）。我想就别上学了（上山），到野外去玩玩吧（下山）。

第三章　演讲声音

在本章第 1 节中，我写道：创造声音变化的方式，不仅有调节音量的强弱，音调的高低，速度的快慢，还有让声音产生"空隙"。它们高低起伏的变化丰富了演讲者的声音，成了演讲者语气、语调的主要构成，形成了演讲者整体的"语势"。

它的"声音旋律"具体变化是这样的：

那天早晨上学，（下山，音调由高至低，音量由强至弱）

我去得很晚，（下山，音调由高至低，音量由强至弱）

心里很怕韩麦尔先生骂我，（下山，音调由高至低，音量由强至弱）

况且他说过要问我们分词，（波峰）

可是我连一个字也说不上来，（下山，音调由高至低，音量由强至弱）

我想就别上学了，（上山）

到野外去玩玩吧。（下山，音调由高至低，音量由强至弱）

人们在传递这几种情感时，也会下意识地使用下山类语势——表示祝愿、祈使、感慨、赞叹、确信等。

练一练，体会下山语势带来的感染力变化：

由少及多，先从一句话感受起，如："就在那年秋天，母亲离我们去了。"

"今天会很残酷，明天会很残酷，后天会很美好，但大部分人会死在明天晚上。"

接着，加大量，感受这段话："其实，走，正常；不走，也正常。每个人有自己的选择，不用为离去或留下说一些太大的词汇。于我，原因很简单：新闻还在这儿。"

如果你平时说话，声音以下行语势为主，偏向于凝重庄严型演讲者，调控这些变化，可以让你的下山类语势更突出：

第一，声带状态由紧至松，类似叹气时的声带状态。

第二，咬字力度由紧至松，类似从"恶狠狠"吐字到"软绵绵"吐字。

第4节 朴实无华型演讲者的声音运用术

朴实无华型演说者的声音，给听众的第一感觉是很"平"，像"一条直线"。这是因为朴实无华型演说者用的"隐形旋律"，是比较平直的平行语势。当人们在表达淡定、麻木、冷淡的情感时，就常使用平行语势。

所谓平行，是指语句中的抑扬变化不明显，每一句话句头声音较低，而后呈上行趋势，但是并没上升至很高，行至中途，声音就停止。因为整体比较低，给人一种谦卑、亲切感，情绪听起来就比较"淡定"。代表人物有马化腾。

新闻播音员多采用平行语势，因为新闻类播音要求语势稳健。我们看看下面这段话语势的基本处理，读出来体会一下，大量运用平行类语势后，声音的变化：

"新华社消息：自2005年西藏开始实施农村饮水安全工程，目前，西藏已让85万农牧民喝上'安全水'。西藏力争3年内基本解决农牧区饮水安全问题。今年西藏计划解决35万人的饮水安全问题。主要在提高工程的水平上下功夫。科学选点、重点解决农牧民安居工程、行政村所在地自来水配套建设，选择人口密集、工程效益明显的地方集中连片解决。"

大量运用平行语势后,"声音旋律"的具体变化是这样的:

新华社消息:自2005年西藏开始实施农村饮水安全工程,(平行,音调中,音量中)目前,西藏已让85万农牧民喝上"安全水"。(平行,音调中,音量中)

西藏力争3年内基本解决农牧区饮水安全问题。(平行,音调中,音量中)

今年西藏计划解决35万人的饮水安全问题。(平行,音调中,音量中)

主要在提高工程的水平上下工夫。(平行,音调中,音量中)

大多数人演说时的声音都比较"平",换句话说就是比较"原生态",这其中性格的影响比较大。朴实无华型的演说者,性格较温和,很难大声、强硬地说话。换句话说就是,平时交流很和气的人,演讲时大概率也是这样。比如,方文山的演讲听起来就很亲切,他的音调不高,语速中等偏慢,音量也适中,这样的声音特点,基本决定了方文山在演说时,不太可能使用很冲的声音和恶狠狠的语气。

这种风格的优点是比较自然,像拉家常,缺点是变化不丰富、不明显、感染力较弱。如果内容力不强,支撑不起整场演讲,朴实无华的声音风格就很"吃亏"。一条直线的语流,势必是枯燥乏味的。再加上听众容易对长时间的讲话感到厌倦,朴实无华演讲者由于缺乏变化,容易让听众感到刻板、单调,没有韵味,不如波浪式的语流有吸引力。

"原生态"的声音也可以有吸引力,技巧在于运用好这个要素——

停顿和连接。停顿与连接就是演讲时声音在哪里停顿、在哪里继续，通过这样的方式奏出一首更精致、更和谐、更有感染力的演讲乐曲。

做个练习：用自然的语调和语速说下面这段话，第一遍，不用隐藏自己的口音、语调等特别的说话方式，彻底"原生态"，用手机录下来；第二遍，经过提前规划，改善停顿点和连接点，体会一下它对声音吸引力的增强。

（1）能跟所有激励过我、挑战过我、支持过我、使我得以走上这个舞台的所有了不起的人们共度今晚，这是我的荣幸。

（2）能跟所有（停顿）激励过我、（停顿）挑战过我、（连接）支持过我、（连接）使我得以走上这个舞台的所有了不起的人们（停顿）共度今晚，这是我的荣幸。

人们常在表示踌躇、思索、庄重或叙述、说明某一事物的时候使用平行语势。如果你平时说话和演讲的风格偏向于朴实无华的说话风格，这套声音运用术可以帮助你提升演讲时的影响力：

第一，对于"原生态"型的演讲者来说，他们的亲和力都很强，情感真诚自然，不用妄自菲薄。

第二，独特的口音可以让演说起到事半功倍的传播效果，比如，华中师范大学文学院古代文学教研室教授戴建业的演讲就深受大众欢迎。迅速走红让他自己也很意外，用他自己的话说就是："我没想过，大家喜欢我的普通话"。

第三，偶尔换成视觉信息，用画面推进演讲，就是在为演讲创造变化，可以让观众耳目一新。

第 5 节 慷慨激昂型演讲者的声音运用术

和"淡定"风格的人正好相反,慷慨激昂型的演讲者,思想感情相当丰富,说话时的声音也抑扬顿挫,和刻板、单调的语音形成鲜明对比——声音盘旋上扬,节节高升,直至句尾最高。换句话说就是,他们演说时声音中大面积运用上行语势,即使是平淡的文字,也能被他们用声音"渲染"得激情澎湃。慷慨激昂型演讲者的代表人物有:李敖、李阳、马云。

上行语势的特点,简单地说,就是由低到高地运用声音,像爬山一样,句头较低,语流从头至尾呈现出上扬趋势,盘旋而上,直至句尾最高,也叫上山语势。这很容易激起人的"兴奋点",调动听众的热情,所以我们也常在历史剧的誓师大会上,听到扮演王侯将相的演员用慷慨激昂的声音,进行鼓动性演讲。

拿破仑的演讲以慷慨激昂而著称。1815 年 2 月 26 日夜,拿破仑率领 1050 名官兵,分乘 6 艘小船,巧妙躲过监视厄尔巴岛的波旁王朝皇家军舰,经过三天三夜的航行,于 3 月 1 日抵达法国南岸儒昂湾。拿破仑感慨万端、兴致勃发,立刻在岸上发表了热情洋溢的演说。

如果我们为拿破仑的这次演说配上声音,配音员一定会大面积运用上山语势,因为上山语势的鼓动性最强,最适合用来表现热情洋溢的内心情感。我们看看下面这段话语势的基本处理,你可以揣摩、体会一下拿破仑发表这段演说时的内心情绪,然后为它配上声音。

"士兵们,我们并未失败!(上山)我时刻在倾听着你们的声音,为我们的今天,我历经重重艰辛!(上山)现在,此时此刻,我终于又回到了你们中间。(上山)来吧,让我们并肩战斗!(上山)胜利属于你们，荣誉属于你们！（上山）高举起大鹰旗帜，去推翻波旁王朝，争取我们的自由和幸福吧！（上山）"

大量运用上山类语势后，"声音旋律"的具体变化是这样的：

士兵们，我们并未失败！（上山，音调由低至高）

我时刻在倾听着你们的声音，为我们的今天，我历经重重艰辛！（上山，音调由低至高）

现在，此时此刻，我终于又回到了你们中间。（上山，音调由低至高）

来吧，让我们并肩战斗！（上山，音调由低至高）

胜利属于你们，荣誉属于你们！（上山，音调由低至高）

高举起大鹰旗帜，去推翻波旁王朝，争取我们的自由和幸福吧！（上山，音调由低至高）

人们在传递威武雄健、气势磅礴、热情洋溢等情感时，会下意识地使用上山类语势。我们再做几个练习，体会上行语势传递出的感染力，先从一句练起，比如，读一读这句话："乔治·华盛顿是美利坚合众国的第一任总统。"（上山，音调由低至高）

再加长语句继续练习，多读一些较长的文字：永远不要跟别人比幸运，我从来没想过我比别人幸运，我也许比他们更有毅力，在最困难的时候，他们熬不住了，我可以多熬一秒钟、两秒钟。（上山，音调由低至高）

在一个聪明人满街乱窜的年代，稀缺的恰恰不是聪明，而是一心一意，孤注一掷，一条心，一根筋。（上山，音调由低至高）

用手机录音软件录下自己练习时的声音，就会有"材料"可分析。能听出具体的进步，声音大面积调整为上行语势后，情绪上更慷慨激昂了。如果你平时说话和演讲的风格偏向慷慨激昂型，这套声音运用术可以帮助你提升演讲时的感染力。

第一，我们的声音有高低，慷慨激昂者声音的整体音调高度都在比较高的位置。

第二，因为声音音调较高，语速就不能太快。如果声音的字与字之间很短，语速太快，就会让演讲有种"谩骂"感，这会破坏演说的友好氛围，把演讲变成了情绪的发泄，引起听众误解。李敖演讲很有激情，但他停顿多，所以听起来既有激情，又含意深长。

第三，强调重点和突出要点时，可以运用反差。比如，语速稍微变慢一些、音调稍微低一些等反差，既能让你的声带得到休息，又能突出重点与要点。

第6节　幽默家常型演讲者的声音运用术

听众喜欢有幽默感的人，幽默家常型演讲者既亲和，又能给人制造欢乐，很受欢迎。代表人物有沈南、崔永元、黄西等。他们声音的"隐形旋律"是曲行语势。曲是弯曲、复杂的，是一种抑扬变化较多、较为曲折的语势。曲行语势语句的句头稍低，中间稍高或又有曲折，直至句尾，却又不升到最高点上，只起来一半。

简单地说，就是上上下下地语势交替使用，就像过山车一样，高处有波峰、低处有波谷。

波峰时，声音由低向高再向低行进：即句头、句尾较低，句腰较高。

波谷时，声音由高向低再向高发展：即句头、句尾较高，句腰较低，状如波谷。

有转折、有反差，才会有幽默。好内容要配上对的声音形式，感染力才会增强。举个例子，你可以分别用两种语势读一读这段话，读的时候用手机录音软件录下来，对比回听，慷慨激昂的上行语势，一定不如曲行语势的"幽默感"强：

受人之托，女，26岁未婚，北京人，身高168，体重49公斤，复旦大学毕业，漂亮大方，爱好读书、瑜伽、健身、游泳、王者荣耀。目前在一家世界500强公司任职，工作稳定，年薪35万左右，市区两套房，奔驰GLC代步，不拜金，父母都是公务员。女孩父母非常着急，发动亲戚朋友想请大家给她介绍一个能买到口罩的地方，必有重谢！

当我们表示讽刺、反问、暗示、抖包袱等含义时，都会用曲行语势，给人一种"不怀好意""来者不善""反讽"的感觉。随着情感浓度的加强，语势的曲折可大可小。

反讽的幽默效果很强，只要涉及反讽的情感，几乎都是用曲行语势。大量运用曲行语势后，"声音旋律"的具体变化是这样的，曲折大的我用"大曲折"表示，曲折小的我用"小曲折"表示：

"大家晚上好。（小曲折，音调由高至低）

"大概是去年，我见到这个李大宇老师，（大曲折，音调由高至低，音调由低至高）

"他说我安排你到华盛顿去做演讲，（小曲折，音调由高至低）

"我当时就特别激动，我以为是到白宫去演讲（观众笑）。（大曲折，音调由高至低，音调由低至高）

"我来了以后才知道不是（观众笑）。（小曲折，音调由高至低）

"甚至李大宇老师跟我说,你这次去参观都不行(观众笑),(大曲折,音调由高至低,音调由低至高)

"说去白宫参观都要预约(观众笑),(大曲折,音调由高至低,音调由低至高)

"说是在中学租了那么一个礼堂(观众笑),(大曲折,音调由高至低,音调由低至高)

"你到那随便讲一讲(观众笑)。(小曲折,音调由低至高)

"我觉得那我就别那么重视了,所以你们看,今天我换了西服,没换裤子(观众笑)。"(大曲折,音调由高至低,音调由低至高)

幽默家常型演讲者,演讲时喜欢讲故事。故事内容本身情境丰富,转折性强,需要用变化丰富的声音,体现其中的"戏剧性"。如果你平时说话和演讲的风格偏向于幽默家常型,这套声音运用术可以帮助你提升演讲时的影响力:

第一,多抖包袱,让人发笑的本领不是谁都有的,听众欢乐的笑声是对演讲者最好的回馈。

第二,掌控语速,幽默型演讲者的最佳语速是每分钟180字。

第三,曲行语势的幽默型演说者,整体音量不是很强。突出关键词时,声音力度一定要加强。

第7节 轻柔秀美型演讲者的声音运用术

轻柔秀美型演讲者的代表人物有邓丽君、三毛、伊能静、蔡康永、林清玄、蒋勋等。他们的"隐形旋律"主要使用平行语势和曲行语势。

我第一次听三毛接受采访时的声音,发觉她的声音和文章一样,热情洋溢，充满了少女感。她在采访时说到激动处，语速会翩然加快。作为听众的我，在长达一个小时的采访中，被她轻柔明亮、节奏欢快、充满变化的声音深深吸引，从头听到尾声。

但在担任大型颁奖典礼的嘉宾时，她就有意识地让自己的语速和声音高度都降下来。有一次她参加台湾金钟奖的颁奖典礼，主持人是邓丽君。邓丽君的声音风格是典型的轻柔秀美型，语速轻柔缓慢，声音的力度比较弱。三毛声音力度和邓丽君很相似，这时，三毛主动把自己的语速降低至和邓丽君及另外一个主持人同样的速度，体现出了活动的庄严、正式感，但依然很柔和。

"柔和"是他们声音的关键词。"柔和"的歌曲适合夜晚听，"柔和"的演讲也是。比如蔡康永、蒋勋的演讲晚上听，也很容易引人入眠。他们演讲时肢体、表情、声音都给人这种轻柔、舒适感，听他们讲话没压力。

听他们讲话没压力，主要是因为演讲者对声音使用弱控制。所谓弱控制，就是在用声时，声音里能听出气声，像"叹气"的感觉。气先于声出，气多声少，声音听起来就更轻柔。

在"叹气"的基础上，加入字音，体会一下对声音的弱控制练习。注意发音时，声母和韵母之间气息拉长，要均匀、不断气：

花红柳绿　H——uā　H——óng　L——iǔ　L——ǜ

大多数人认为演讲声音如果太轻柔，就会没有力量。当演讲时间过长，轻柔秀美型演讲者就要时不时给听众制造一些"兴奋点"，带来点"刺激"，工具箱里增加了这些备用品，就能持续吸引听众注意力。这些是常用的工具：热情的用词、适当加速、变换节奏等。

因此，如果你平时说话和演讲的风格偏向于轻柔秀美型，这些声音运用术可以帮助你提升演讲时的影响力：

第一，减少在思索的过程当中，无意识的口头语所出现的次数，否则语速慢且声音轻柔的你，再加上许多口头语的打断，会让听众昏昏欲睡。

第二，轻柔秀美型的优势在于，会给听众时间，引发听众参与、遐想和思索，遇见需要加重说明的情况，如果不希望破坏整体风格，不必学他人加重语气和声音，只需要用手势来补充和提醒听众你的重点和关键词即可。

第三，如果演说时间较长，需要时不时给听众制造一些"刺激"，在词语中加入一些热情的词句。同时，语速适当从慢到快，加速就能持续吸引听众。

第四章
演讲技巧

> 最基本的技巧有时能够创造出大大出乎我们意料的东西。在这一章中,我们将学会12个增强说服力的"配方"。成功的演讲都有"配方",演讲者的技巧就是这些"配方",是演讲者说服听众的工具。培养演讲者的技巧,就是在说服他人的过程中,培育个人影响力和品牌。

第1节 风格:找到适合自己的演说原型

所谓风格,就是你相对稳定的面貌

能保持稳定面貌的人,都是有明确价值观的人。可以说,最经久不衰的风格是演讲者所秉持的价值观。很多人都不知道自己代表谁,也没有长期以来的价值主张,因为他们的风格在社会影响和他人的各种要求中"飘散"了。当你要代表的对象越来越多、越来越混乱的时候,你很容易在其中迷失。

演讲是一个通道,是一个让人们分享自己价值观的"扩音器"。在价值观的指引下,所有的技巧才会更加鲜活和深入人心。价值观是演讲者区别他人的根本,每一个演讲者只能做自己,按自己的方式讲话和生活。演讲者会在演说时,不自觉地从内容、说话方式、体态、手势、眼神、表情、音量、音色、音调等方面与自己的风格协调。

公开演讲不能把演讲者变成另外一种人,只能让大众透过演讲知道他本来是一个什么样的人。著名的演讲家,都具有无与伦比的魅力和独特的个性。如果有人认为自己某方面不如别人而一味刻意模仿对方,那他一定会输得很惨。出色的演讲者正是因为把自己独特的个性发挥到更好,才显得与众不同,才有那么多的支持者。千万不要把自己当作另外一个人,按自己的方式讲话,在演讲中拿腔捏调模仿别人是大忌。

乔布斯回归苹果公司后,在营销部门的工作会议上发表了一次演讲,虽然是营销会议,但实际上整场会议谈的都是价值观。他要重新确立苹果公司的价值观——改变,坚信有激情的人能让这个世界变得更美好。

演讲中的每一个字都让我激动不已,我列举出了其中深深打动我的文字。"我们必须很清楚地传达,想要消费者记住我们的是什么,而最重要的关键,就是品牌的核心价值。品牌卖的不是产品规格,不是你跟对手比有多好,而是核心价值,例如 NIKE 卖的是鞋,但从来不在广告中提到产品规格,而只推崇伟大的运动员……苹果尊敬那些改变世界的人,其中一些尚且在世,另一些人已离我们而去。但如你所知,那些离世的人中,但凡使用过电脑的,一般都是苹果电脑。广告的主题是'不同凡想',目的是向有不一样想法的、推动世界进步的人们致以崇高敬意。这就是苹果要做的事,这触及了苹果公司的灵魂……我希望你们能和我一样,与之产生共鸣。"

演讲者也一样,当你找到了自己风格的"同类",就能和他们一样不同凡响,成为这个时代的"异类",用自己的方式去做出不同凡响的事情。

如何识别和培养自己的演讲风格?

风格既然是相对稳定的面貌,那就只有在长期的习惯中才能形成。换句话说就是,培养自己的风格,关键要看自己是什么类型的人,具有什么样的个性和特长。比如,邓丽君唱歌和说话的时候,她声音的音量很轻柔;而周星驰电影《功夫》里的包租婆,声音音量却震耳欲聋。这是她们日常生活中形成的用声习惯导致的差异。邓丽君身上兼具东方女性传统的唯美和西方女性现代的风情,她关心的是用声音传递人间真情。而包租婆这个人物形象关心的是如何生存,自然呈现出不一样的人物特征。

如果有人脑洞大开将她俩角色互换,那一定是很疯狂的,我们不可能把一个说话嗓门大、激情高亢的包租婆"塑造"成一个柔和型的邓丽君,也很难把一个甜美的邓丽君变成声音高亢型的包租婆。在两个风格相近之人间的转换倒是有可能,比如,邓丽君和杨钰莹之间的转换就比较容易,就是因为她们在风格上很趋近,都以唱甜歌而闻名。

演讲者的风格是和自己的习惯、行为模式相同的,短时间内转变很难。所以,快速建立一个人的演讲风格,并不能凭空塑造形象,也不能指望快速养成新习惯。只有了解自己,知道自己最关心什么,想传递什么，才知道什么样的演讲风格适合自己。在找寻适合自己风格的过程中，可以先从寻找一位风格相近的偶像开始。通过观察偶像找到自己平时演讲中的特点，风格自然会慢慢"现"出来。

成功的演讲者也由于每个人的外形外貌不同、成长经历不同、教育程度不同、专业方向不同、社会地位不同，从而形成了不同的演讲风格。常见的风格有5种：凝重庄严型演说者、朴实无华型演说者、慷慨激昂型演说者、幽默家常型演说者、轻柔秀美型演说者。

如果你是一个时刻充满激情和力量的人，那么激昂型的演讲风格更适合你；如果你是亲切而平易近人的人，那么朴实或轻柔型的演讲风格更适合你。不同的风格没有高下之分。外向型的人可能因其雄浑的气势会给人才华横溢的感觉，而内向的人四两拨千斤的讲述也能传递给人们稳重和可信赖的感受。

1858年夏天，美国民主党参议员史蒂文·道格拉斯与他的竞争对手——共和党的亚伯拉罕·林肯，因为争夺参议员的位置而展开了一场精彩的演讲辩论。道格拉斯参议员身材矮小敦实，有记者说他就像是一头凶猛的斗牛犬，道格拉斯的朋友和支持者称他为"小巨人"。林肯则恰恰相反，他身材高大消瘦，长手长腿，看起来更像是一个农民。二人不但外表迥异，而且个性、思想和立场也截然不同。道格拉斯十分儒雅，林肯则显得朴实；道格拉斯呆板而缺少幽默感，林肯则是出色的故事家；道格拉斯讲话气势非凡如狂风暴雨，林肯演讲则如小桥流水从容不迫。

看上去朴实无华的林肯却以出色的"故事家"风格取胜，主要是他所坚持的价值观得到大家认可——人人生而平等。他的表述方式也非常合适讲故事。他演讲时的体态、手势、眼神、表情、音量、音色、音调等，都衬托出了"故事家"的形象。在斯皮尔伯格拍摄的林肯传记电影中，每当林肯在推行新政策道路上遇到阻碍时，他总会沉静下来，开始给议员们讲故事。"啊，他又开始讲故事了。"深知林肯故事力量的议员随即回应说。

风格的培养当然需要科学的方法。大部分人之所以并没有展示出自己的风格，是因为他们并不太清楚塑造风格所需的要素是哪些，风格是这些"必要"要素的总和。

公众场合的演说能力已经成为现在职场人士、企业家越来越重视的一项基础技能。自我介绍、招商、融资、产品发布、公司开会、激励员工、工作汇报都需要演讲，我们所做的一切努力，都是为了树立自己的风格。在这一章中，之所以把"风格"放在第一节，就是为了强调：我们所做的一切努力，都是为了让自己被记住，而不是被遗忘。

第2节 礼仪：守时与超时

那些耗时的"大户"

我看过一个演讲反馈调查表，其中有个问题是："你最反感演讲嘉宾的哪些行为？"其中选择"不守时"的数量高居榜首。

听众对演讲提前结束一般不会有怨言，但对"拖延"却意见颇大。当然，如果演讲者讲得非常精彩，适当的延时听众也是能接受的，甚至在演讲结束后听众还不断提问，不想让演讲者离开的情况也是常有的。不过在大多数情况下，即便是内容非常吸引人，听众非常感兴趣，演讲者还是要尽量做到守时。延时很可能会耽误下一个议程，或者挤占他人的演讲时间。另外，台下总有部分听众在活动结束后有急事要办，更不愿意看到时间表被随意更改。

英国有句谚语："不知道何时闭嘴的人就不知道何时开口。"作为演讲者，有责任对方方面面做好充分的准备，其中之一就是对时间的精确掌控。试想，如果我们对200人的听众发表演讲，超时3分钟，就耗费了听众一共600分钟，合计10个小时，超过一个人一天的工作时间。这个罪过是担待不起的。鲁迅曾经说："时间就是生命，无故地空耗别人的时间，实在无异于谋财害命的。"林语堂说："演讲应该像女人的裙子，越短越好。"而我经常说的是："3分钟说不明白的事情，30分钟也说不明白。"精炼简短的演讲，会启发听众的思考；冗长无序、毫无逻辑的演讲会让听众麻木。

想要不超时，就得从认识耗时的"大户"开始：

第一，跑题。我相信大家一定听过这样的演讲。主讲人抛出一个临时话题讲了十几分钟，最后会冒出一句："好像有点跑题了，这个话题跟今天的主题关联不大，好，我们再回到原来的地方……刚才讲到哪了？"跑题居于耗时大户的第一位。

第二，需要表述的信息太多了。本书之前的章节提到，有的讲者准备的要点太多，想把每一个要点都仔细解答清楚，结果讲了很久。要解决这个问题，一是提前准备好，多了解听众的接受能力；二是练习短句，简洁表达；三是缩减要点，多数演讲不需要面面俱到。

第三，临时加内容。切记切记不要临时加内容，你可以替换内容，这是不超时的基本保证。临时加内容情况，常发生于一些"善于说话"的人身上，他们总会认为自己说的每句话都对别人有参考意义，而不尊重主办方对于时间的要求，造成的结果就是自己讲得太投入、太发散了,结果把演讲时间无限延长。无论是作为讲者还是听众,大部分人或多或少都有过超时经历,冗长烦闷的演讲会严重影响现场的氛围,从热烈转为死气沉沉,让主办方和听众都难受。

对内容断舍离,避免认知积压

人们参加讲座是想了解新东西,是想在尽可能短的时间内得到更多的资讯,但谁也不想把它当作课堂。听演讲并不比发表演讲轻松,尤其当听众全神贯注进行批判性思考时,它也是一个非常高强度的体力活动。

"填鸭式"演讲一定会讨人嫌。对于听众来说,一个不熟悉的新名词进入大脑后,会在短时间内让大量神经元变得很兴奋,兴奋就是能量消耗的过程,随之而来的就是疲惫感。逻辑散漫,专业词汇过多的演讲,会让听众的大脑始终处于高负荷的运转当中,这种高负荷的运转不但消耗能量,还会消耗耐心,也许讲到最后,已经没几个人在听了。演讲结束后,听众觉得自己什么也没有理解到,会相当沮丧,然后便把这样的沮丧和愤怒发泄到演讲者身上,差评!

记住听众的心声:在尽可能短的时间内得到更多的资讯。听众不想当小学生,不想被教育,只想简单推理就得到答案。那些复杂的推导过程,难道不该是在学校的课堂上进行吗?对演讲长度断舍离,减轻听众压力,也会反过来对演讲者产生积极的影响。"浓缩的才是精华",历史上诸多知名演说都向我们说明了这一点。1863 年,林肯发表的著名葛底斯堡演讲只用时 4 分钟。1963 年,马丁·路德·金的演讲"我有一个梦想",只用时 18 分钟。人们永久性地记住了他们。

如何做到守时？

"我一定按照大会规定的15分钟时间结束。"有位发言嘉宾一上台就做出了这样的保证，赢来一片掌声。看来这场会议中，没有什么比遵守时间更能打动听众的了。这是我参加某品牌的新产品发布会遇到的场景。此时已是下午五点，会议议程刚刚过半，之前的每一位嘉宾演讲都超时了，会场气氛非常沉闷，听众不得不留在那里的原因只是为了等待最后的抽奖环节。这位嘉宾获得的掌声已说明了听众们对演讲超时的态度。

演讲者需要在有限的时间里，把最重要最好的内容展现给大家，因此，空话、套话能减则减。足球比赛中有一个特殊名词——18分钟定律。一场比赛时长90分钟，15分钟为一个节点，划分出了6个区段。最后一个时间区段往往要补时3分钟，共计18分钟，这最后的18分钟足以改变结果，所以需要在场的球员注意力高度集中。任何游戏都得限定时间，时间越短的竞争，对参与者的要求越高。试想，如果比赛时间永续，永远不可能产生结果。所以，现在高科技行业大部分的演讲都限定在15分钟之内，重要内容一般也不会超过30分钟。

有人会想，这么短的时间能说什么？在这么短的时间内，没有办法把我的观点表达清楚，无法说服别人，怎么办？

有三个办法：精简合并、收窄时间颗粒度、精确分配。

精简合并。精简后的大要点最好不要超过3个。如果需要表述的信息太多了，无论如何收窄时间颗粒度，也依然会由于要点过多而造成总体时间过长。换句话说就是，删减及合并同类要点，是确保守时的第一步。

收窄时间颗粒度。以分钟为单位收窄时间颗粒度，精准测算每一分钟的文字量。如果三句话就能说明一个问题,那么请不要加上第四句话。

精确分配。根据要点的重要程度,给每一部分精确分配时间。可以设置一个时间提示器,事先演练好。

精简合并要点,最好不要超过 3 点

别忘记听众的心声:"人人都想学点儿新东西,但谁也不想等太久,大家都想几分钟内就学会!"我们必须要精简要点数量,因为不能守时的另一个"黑手",就是话题切口过于宽大。

在有限的时间范围内,表达清楚一个有力的论点,的确是一个苦差事,尤其还要求做到吸引人。再加上如果你的演讲是一个复杂话题,只给你自己几分钟的解释时间,真得是太短了。因为我们的"常识"是,问题越复杂,越需要"长篇大论"。但事实上,问题并不出在时间长度上,问题是你在总体目标下规划具体目标时,没有落到一个小切口,不够精准、不够明确,以至于让自己的演讲思绪太发散。

举个例子,一篇关于肿瘤与基因关系的科普演讲里面有以下要点:

什么是肿瘤?为什么现代人癌症患病率高?

肿瘤是种基因病,肿瘤的驱动基因。

遗传性肿瘤相关基因,健康人的肿瘤风险评估。

基因测序与肿瘤早期筛查。

什么是化疗、质子重离子治疗、靶向用药、免疫疗法?

ctDNA 肿瘤靶向用药基因检测。

肺癌的精准用药基因检测的统计与实践。

肿瘤基因检测中的生物信息学分析方法。

一共有 8 个要点,太多了。其中像什么是 ctDNA 检测、肺癌的基因检测实践、生物信息学分析对于一般听众来说太深了,打个比喻解释概念原理即可,不必细讲。于是,8 个要点可以分成三大类型:

肿瘤与基因的关系。(原理,科普基础知识)

健康人群的肿瘤风险。(所科普的知识和听众的关系)

靶向用药与基因检测。(前沿进展,基因检测技术对治疗肿瘤的主要作用)

一旦确立了讲的要点,换句话说就是收窄了要点数量后,接着就需要确定这些要点在演讲中的排列顺序,让你的信息序列被简单高效地组织、有序有效地整合,让听众觉得结构简单、清晰,很容易听懂。在这里我要特别介绍一下"小切口"原则——陈述具体的目标,这是持续抓住听众注意力的有用方法。一般来说,有一些具体的目标陈述,会更容易激发听众的收听兴趣,尤其这些具体的目标是听众每天都会使用到的高频应用。

举个例子,TED 的演讲中有一个"3 分钟 TED"系列,这个系列的演讲短小精悍,实用性很强。其中有一位叫特里·穆尔的演讲者教大家如何正确系鞋带。这个"系鞋带"的演讲视频已经被点击了上百万次,因为人人都需要系鞋带,它和人们的生活联系实在是太紧密了。

这就是"小切口"原则的运用,站在听众的角度进行演讲——我可以把你讲的知识快速运用到生活中吗?如果可以,具体是解决了哪个问题?

抽象的目标是不太容易在短时间内解释清楚的,那需要演讲者有高超的演讲技术,但具体的目标是人人都可以做到的。找个小切口,和听众的切身需求紧密结合在一起,听众就会觉得非常实用。

以分钟为单位收窄时间颗粒度,让听众感到"时光飞逝"

要收窄时间颗粒度,建立内在的时间提示器,首先要把时间和文字长度可视化,清楚地看见。1分钟虽然很短,但能表达的信息量相当丰富。大家之所以忽略1分钟,是因为大家不明确1分钟到底可以说多少文字。1分钟到底能包含多少信息量呢?其实1分钟包含的信息量是远远超过一条微博的。一条微博限制在140字,但是人1分钟却可以说240字。这240字是一个什么概念呢?

人的正常语速下1分钟说完的240字,相当于一篇完整的小学生作文,相当于一条精心策划的社论,相当于24篇新闻文章标题。即使你是用英文在演讲,大多数人讲话的速度为每分钟120~150个英文单词,这意味着6分钟的演讲能容纳720~900个单词,这是一篇英文作文的长度。

世界银行曾发布了一个挑战,叫作1分钟挑战,这个1分钟挑战是让各领域的领袖,用1分钟的时间来表述自己的想法。我在其中听到了"如何阻止冰川消融""技术如何帮助阻止极端贫困""如何阻止海洋塑料污染"等话题的解释,这些演讲者都仅仅用1分钟时间,就能表述清楚自己的认知。不管是多么复杂的问题,只要自己建立了内在的时间颗粒度,任何人都可以在1分钟之内把自己的想法表述清楚。

因为不是闲谈,所以要有正确的语言,吸引人的语言。

因为不是对一个人说话,所以要照顾到大部分听众,用尽量简单的表述解释清楚自己的意图。

很多演讲者经常不能守时,主要是因为他的时间颗粒度过于粗犷。

演讲者本人总是感到时间过得没想象中那么快！可以说，演讲者和听众的感觉就像"天上一天，地上一年"。这一点，我们可以从工作人员蹲在主讲嘉宾前面，举着手牌提示时间所剩不多，但演讲者毫不在意也并不着急，继续滔滔不绝这样的现象中看到。这只能说明一个问题：演讲者本人的时间并不宝贵。

如果演讲是由多个嘉宾共同组成，上一个嘉宾因为占用了太多时间，造成下一嘉宾上台时，不得不压缩用时。通常"懂礼貌"的嘉宾会主动地补问一句："请问我现在还剩多少时间？"，从而给听众吃了一颗定心丸。不守时的演讲嘉宾总是把别人的时间给挤了出去，以至于让本来不错的演讲蒙上了坏印象。20世纪60年代，林语堂在台北一所学校参加学生的毕业典礼。在他演讲之前，有好多人都作了较长时间的演讲，轮到他上台时，已经到吃午餐的时间了。因此，他站起来说："绅士的演讲，应该像女人的裙子，越短越好。"大家听了先是一愣，随后哄堂大笑。仔细遵守主办方的时间要求，才是建立良好印象的基础。

根据要点的重要程度，把时间精确分配给每部分

让你的内容精致起来，浓缩才是精华。根据要点的重要程度，给每一个要点精确分配时间，这样就能让你的时间掌控严格且有序起来。一旦确定了最终要谈论的要点后，接下来就要据此对不同要点的时间进行"精密"分配，分配得越细致，演讲越成功。

这是一张筹划一场18分钟演讲的表格（见表4-1），每个板块的时间切口是3~5分钟，最开始的自我介绍必须在30秒内完成。也许你会觉得这样精细化地"预讲"，会让演讲穿上"紧身衣"，让自己不舒服,但这样一张表格,却是不超时的保证。

表 4-1

开场	自我介绍	30秒
	主旨介绍	10秒
	互信互动	20秒
要点1	信息点1	精确分配
	信息点2	精确分配
要点2	信息点3	精确分配
最重要的要点3	信息点4	精确分配
	信息点5	精确分配
	信息点6	精确分配
结束		15秒

这张时间切分表格的目的是为了帮助你在演讲时,让每个板块,在脑海中建立一个精准的节奏,不至于让其中某一部分的时间挤走其他部分的时间,或避免整体超时。当你把1分钟作为你内在节奏的"基本单位",你就会非常清楚,整篇演讲稿的时间长度可以包含多少个信息点的内容,怎样具体分布这些信息点。我们的内在感知将会越来越敏感,内在"计时器"将会越来越精准,换句话说就是,在自己的大脑里内置了一个高清化的提示器。这样才有望在几分钟的短时间内把内容解释明白。

别忘了"不偏激、无观点"的原则。时间上一定有所"倾斜",四平八稳一定会让人觉得你的最重要观点不突出。精确分配时间上也不能大意,这尤为重要,因为它会影响你观点的清晰度和说服力。

第3节　形象：如何准备服饰与妆容

演讲时该如何着装呢？

着装是你行走的"门面"，是你随身携带的"迷你建筑"。无论在什么场合，关于着装的思考都是通用的，它在审美上和建筑有着相同的道理。

演讲不是综艺节目，夸张的服装、妆容并不适合讲台。演讲台上的着装原则几乎就和建筑原则相当，演讲的服装准备原则应该是：简洁、大方、合身。在此基础上，与自己的演讲主题一致。

服装，体现了人的涵养和品味。是不是简洁大方就只意味着单色、少线条呢？当然不是，简洁大方，除了这个层面的简洁，还指服装设计的思路、文化上要有一致性，和穿着服装的人，也要风格一致。在一件衣服上，体现的宗教、文化、思想要单纯，不能多样化。在设计思路上有一致性，有自己的内涵，也是一种简洁大方。

服装和建筑有诸多相似之处，可以说，人们欣赏怎样的建筑，就会选择怎样的演讲着装。上海陆家嘴，金茂大厦最漂亮。20世纪90年代末这楼刚建好的时候，鹤立鸡群，经典的佛塔造型，在阳光下闪耀着向上生长的力量。虽层层叠叠，但纯纯一色，视觉上的繁复，反映在心灵里却是简洁安宁的。

如果你对服装没有什么把握的话，解决方案也很简单，那就是男士穿深色西服，女士穿深色套装，需要考虑的只有领带色彩和饰品的选择了。

演讲服饰与妆容的黑名单

请收好这份演讲服饰黑名单:
(1)蝴蝶结、双排扣等让观众容易错误聚焦的饰品。
(2)来路不明、设计思路不清的衣服。
(3)容易联想到负面信息的衣服。

请收好这份演讲妆容黑名单:

(1)避免太过缤纷色彩的妆容。演讲的妆容应该选择贴合你本身肤色的、同类产品来作为修饰,比如肉桂色的、黑色的眼线睫毛膏,这些都是符合你本来肌肤自然的颜色。太多妩媚热烈的颜色,尤其烟熏妆是不适合出现在演讲场合,只会降低别人对你的信任。

(2)不要使用过多假的饰物,比如假睫毛,还有假双眼皮等。所有的妆容要建立在自然修饰这个核心基础上。

第4节 肢体:肢体语言和表情

肢体语言和表情是你的第二副嗓子

公众演讲一半靠演,一半靠讲。意思就是,仅凭声音的感染力打动听众远远不够,还要借助"视觉"的力量。视觉包括两方面:一是自身的肢体语言和表情;二是其他辅助型的视觉展示。而自身的肢体语言和表情又是第一视觉语言,是行走的"舞台剧"。演讲者的体态、风貌、举止、表情都应给听众以协调平衡乃至美的感觉。

注意观察你的肢体语言和表情,它是身体随身携带的自然资源和工具，包括你的目光、面部表情、手势、身体动作等。人们每时每刻都在进行着交流，尽管没有开口说话，与人直接用有声语言交流的其他时间，都在有意无意地进行着肢体语言的沟通。

比如，你传达信息："今天，我很荣幸来到这里演讲！"声音饱满、热情、有活力。肢体也同时展现开放的、向上的肢体语言时，大多数人就会信任你，是真的很荣幸来这里。

但是，如果用相同的声音说相同的话。但是肢体和面部表情却是避免眼睛望着大家，没有目光交流，双手始终抱在胸前，感觉很"封闭"，甚至整个人看上去非常焦虑，那么人们并不会相信演讲者是自愿来的。

演讲时，你对听众释放了两种信号：语言信号和非语言信号。当语言信号与非语言信号所代表的意义不一致时，人们相信的是非语言信号所代表的意义。换句话说就是，作为非语言信号的肢体语言和表情，是我们向观众传递信息时的桥梁或屏障。肢体和表情真诚自然，就会让观众乐于听下去；肢体和表情激起人的反感，就会让人产生疑惑。

1960年9月26日，美国首次举行总统候选人电视辩论。那时候电视在美国刚刚开始普及，并不是每个家庭都有电视机，有不少家庭接收信息的渠道还是收音机。换句话说就是，1960年的那场辩论会，既有电视实况转播，也有实时广播。当时所有的电视和广播都在直播这次大选，美国总统候选人辩论时的肢体语言和表情，将会通过电视被亿万选民所见。

本来电视辩论赛之前，肯尼迪和尼克松的支持率不相上下，结果电视辩论赛之后，不那么被看好的肯尼迪支持率直线上升，最终赢得了胜利。这结果既出人意料，又很有戏剧性：电视辩论前，尼克松获胜被普遍看好；电视辩论后，肯尼迪却取得了最终胜利。民调显示，通过看电视直播关注辩论的人主要把票投给了肯尼迪，通过听广播关注辩论的人主要把票投给了尼克松。

从电视上看，肯尼迪自信、有活力，他表情自然，眼神坚定，身体看起来放松，没有太多小动作，辩论时头还微微仰起。而尼克松从电视上看起来满头大汗，让人感觉有点心虚，辩论时因为脚不舒服还总是紧紧抓着椅子，让人感觉一点都不放松，再加上眨眼频率很高，这个小动作让他显得紧张和不自信。看起来自信、有活力的肯尼迪自然更胜一筹。

电视辩论是"可怕"的，不自信的身体语言将会通过电视直播被放大。尼克松竞选失败后说："我在竞选中花了太多工夫准备内容，却几乎没顾及外表和身体传递的信号。"相反，肯尼迪事先非常重视电视辩论所传递的肢体语言信息。肯尼迪首先派人到现场去调查了一下，发现现场的拍摄灯光容易让人发热，就专门做了一件特别薄的西装，这样就省得在辩论时出汗，让自己看起来帅气、自信、舒适。而尼克松穿着正常的厚西装出现，果然在辩论时满头大汗。

认识这项有趣的"装扮之术"

肢体和表情是一场"装扮之术"，这种"装扮之术"并非是戴着面具示人，表达精准本身就包含着肢体语言的精准。换句话说就是，用有限的时间和动作展现性格中最精华的部分，给人留下深刻的印象。记得有一次我在郑州演讲时，演讲结束有一位听众问我："珊珊老师，这些技巧用于平时说话，会不会让人觉得有一种不真诚、不坦白的欺骗之感呢？"

我的回答是："当然不会，如果人在行走时，没有一定的体态，整个人就会显得很随性，没有精神和气质。声音里的姿态，和我们的体态是一样的，它需要有变化、有摆动，而这些摆动就是需要练习的。"

梦露是懂得这种装扮之术的人之一。梦露投入了大量的时间，研习让自己更有魅力的技巧，声音、步态、面容、表情……经过长期训练，已经能像操纵工具一样控制体态，让自己时时刻刻都洋溢着迷人的魅力，让自己具备一种夺目的、传奇的光彩。

尝试把自己的肢体语言和表情记录下来，给自己录个小视频，分别录制自我介绍、一个正式话题的演讲、讲一个自己擅长或喜欢的主题，长度各5分钟，然后分别回看。

熟悉自己"无意识"的动作

回看小视频时，首先要观察被自己忽略的"习惯"。我统计过，一场18分钟的演说，演讲者会做400~500个动作。很意外吧？竟然有这么多动作。当然，这些动作大部分是"习惯性"的。它作用在全身的肢体语言分配中，具体包含：习惯性表情、眼神、肢体动作、动作幅度、动作频次。

我们对自己妆容的熟悉程度，大大超过对自己全身语言的熟悉程度。这些习惯带来的第二语言是否要做恰当的增减？如何增减，才能让演讲更简洁大气？这些都建立在清楚地知道自己在发出第二语言时，到底"说"了些什么。这里，我们着重谈谈四类习惯性动作动作（见表4-2）。

表 4-2

习惯性姿势	第二语言的含义
把所有的手指都放进裤兜里	手插兜的姿势,把所有的手指都放进裤兜里,会显得封闭或紧张
把手全部插进裤子后面的口袋里	从远处看,特别像是罚站并且被理解为不安、有攻击性
出现锁定动作。比如双手环抱于胸前站立,或者左右脚交叉站立,还有最糟糕的站姿,就是同时做这两个动作,双手环抱于胸前而且左右脚交叉站立	同样是一种潜意识中的防御姿态,给人一种高度不配合、很自我的感受
习惯明显的支撑腿(就是单腿受力,另一个腿就好像辅助支撑一样,戳在一旁)	这种站姿会给别人带来不认真不重视的感觉,而且会导致演讲者肩膀歪斜,视觉上也不好看

人们演讲时,听众注意的是演讲各个模块的总和。你不觉得自己做了这么多动作,是因为这些动作分散在了全身和演讲的不同时段中。但是请相信我,无论如何,一定要改善这些肢体语言,尤其是手部语言。

在全身的肢体语言中,观众注意力最多的地方,是在手。

之所以首先注意到手,是因为在过去,这关乎你的生存。当我们看到陌生人时,去预判他对你是安全的还是有危险的,就是看他手上有没有带一些攻击性的武器。

如果在嘈杂的路上,你注意到一个人手上握着一只啤酒瓶,那你内心会感到非常紧张,你会判断自己是安全,还是危险。

这种对危险的预判性已经融入到了我们的 DNA 中。虽然茹毛饮血的时代过去了,但现在如果你看不到别人的手,你的紧张心理依然会自然产生。

你可以想象一下,把演讲者的声音关掉,如果仅仅只看演讲时的肢体语态中的手,两个演讲者,一个有手势,另外一个把手藏在了背后,一直没拿出来,你看不见他的手。注意感受一下自己会不会觉得有一点难受,然后你是否在想,难道就不能把手从背后拿出来吗?手放背后的时间越久,你会越不开心,你根本就听不进去演讲者到底说了些什么,你头脑中只是一直在重复:难道不能把手从背后拿出来吗?

尽管,不同的演讲者在肢体动作的形态上各有差异,但对听众产生影响力的形态都有一些共性。如果这些共性形态是能增强你口头表达效果的,可以大胆选用;引起人们误解和反感的形态尽量少用。比如,避免像设计好的舞蹈动作一样有太重的表演成分。

不少学员都回答,回看自己视频时,发现在介绍、演讲和聊自己擅长的话题时,语言表达、肢体语言和表情上的处理都比正式话题的演讲看起来舒服、自然很多。大家纷纷反映,第一次自己看自己的"表演",还是有些小惊讶的,还能根据这个方式来自检和改进自己的肢体语言。

对肢体语言的"管理"正是如此,既要让它产生变化,也不能让它变化太多,最后使之趋于舒服、自然的状态。这样才能让自己时时刻刻都洋溢着个性的魅力,光彩夺目。

减少让听众分心的过多小动作

肢体语言虽发乎自然,但不能太多太碎,这是众多演讲者都有的问题。过多的小动作反而会让听众分不清重点,影响听众注意力,从而减损你信息传递到达率。

我们应该都有过这样的体验,有一些人静态的时候很美,但动起来就不美了。为什么呢？安静的时候，观众的视线很集中，不会被动作打断，能集中精力听演讲者的内容，演讲者也显得很稳重。据说，演说家和雄辩家狄摩西尼，为了戒掉说话时不自主抬胳膊的习惯，把一把剑吊在肩膀上方练习演讲，如果一抬胳膊就会刺到自己的肩膀。

如何防止动作过多过碎呢？只在强调关键点、重点词的时候，才展示动作，并且手上的动作范围不超过黄金区域，让动作的运动范围有规章，换句话说就是在一个空间范围内做动作，才能不至于显得"张牙舞爪"。邓丽君在唱歌时，身体动作和歌声节奏相匹配，整体和谐统一，听众感受到一种非常舒适的感觉，觉得很和谐、端庄、典雅、大气，就是因为肢体动作速度以及频率都和演唱时候的节奏一样。她平时说话和唱歌是一样的，缓缓的、轻柔的动作幅度，小动作不会特别多，也不碎。

美是有原因的，没有无缘无故的美。这些美的原因我们要知道，这就是学习和提升。所谓标准，其实就是一种和谐的视觉美。邓丽君从各个维度上都是非常高的标准——和谐，所以大家都记得她的美丽。

我没见过邓丽君乱做动作，她的姿态表情都很有规矩。就中国文化的韵味来讲，邓丽君不仅仅只是一个歌手了，她给人们带来的美的享受，超过了歌手范畴。任何领域的人都能从邓丽君身上学到很多。我感觉自己的演讲老师，其实是邓丽君。

过多的小动作具体指两层意思：一是惯用的动作形态太张扬，二是肢体动作的速度和频次太快。肢体语言的速度和频率是必须要被考虑的一部分，因为肢体语言的速度是跟着你演讲表达的节奏、风格、速度来变化的。如果你本来是一个轻柔型的演讲者，但肢体动作习惯性很"重"、很快，这就和你本来的风格相违背了。

比如，米歇尔演讲时的肢体动作就很得体、有力量。只要稍加训练，从声音、语气到眼神再到行为举止，变化会十分惊人。

表情也是一样的。邓丽君唱歌之所以好，也因为她从来不乱做表情。她不过就是遵循了一切"限制"，不要随心所欲做动作，便取得了大家的认可。很多歌手唱歌，"假装"很投入，甚至闭起眼睛、皱着眉，最后搞得脸部肌肉生硬狰狞，其实极不自然、很难看。演讲时的肢体和表情也是一个道理。很多人做的动作假装很有气势，其实都是减分项，被错误的示范和指导害了。

米歇尔的表情管理就做得很好。她常常微笑，眼神坚定，让听众感觉到很真诚。人们一定会在你真诚的感受下才会去和你建立共鸣。表情的第一要务是让大家感受到演讲者的真诚，因为表情和眼神是与演讲者的内心和谐一致的。

除非你要特别强调一些严肃和紧迫，这时表情可以配合内在情感起一定的变化，否则从一开始上场就带着紧迫性的表情到结束，听众听你这场演讲时，内心状态也不会轻松。听众希望能够通过演讲者的经验分享获取一些知识，最好是轻松地获得这些知识。

听众不喜欢听人训话，但也不喜欢演讲人很虚情假意。第二语言既要做到不卑不亢，还要尽可能地以诚待人。

世界上最有亲和力的表情就是微笑。在大部分的情况下，都可以用一些面带微笑的表情来和观众交流。微笑的表情会给别人带来一种幸福感，这样会让听众更喜欢你。演讲者通过这个简单表情就能传递信心和信念，你要有信心能够为别人带来世界观的提升。

第5节 态度：放下自我，与观众建立起信任的纽带

让人反感的 5 类演讲者画像

演讲工序中的第一道"考验"就是演讲态度。听众在决定是否要聚精会神听演讲之前，一定会考察演讲者的"态度"。

人们讨厌被"强行灌输"观点。如果演讲者"态度"不对，听众就会本能地认为他是一个来打广告的"灌输者"，很难放下戒备。举个例子，每个家庭每天都在上演"家庭演说"，父母对孩子发表"如何获得好成绩""如何成为学习高手""如何才能领先他人"等演说时，其实都是强制式的，也不管孩子爱不爱听，反正必须"强行灌输"。但结果往往是孩子越来越厌学，甚至彻底反感父母了。从今往后，父母说什么，"小听众"就反感什么。最后父母还要小听众"背黑锅"——孩子太叛逆，根本听不进去。事实上双方都有原因，和孩子平等交流很重要，既不能因为长辈的身份而"过火"，也不能因为要孩子配合而"不足"。所谓"过火"，指的是"炫耀"，例如自夸"你妈妈我啊，当年学习……"；所谓"不足"，指的是刻意讨好等。

在经受了十几年的"填鸭式"教育，拥有选择自由后的成年人，大脑再也不能忍受硬生生"塞进"知识了，大脑只会主动选择符合自己"口味"和"信任"的内容。虽然演讲者力求给听众提供信息和触动人心的故事，但是讨人喜欢也很重要。否则演说的内容越多，激起的反感越多。

就像懂得倾听孩子内心想法的父母一样，听众喜欢的"传播者"是来"解答"疑问的，会被孩子回报以爱和信任。当演讲者用讨人喜

欢的感觉给听众带来一个触动人心的故事和信息,听众才会把演讲者当"自己人",喜欢听演讲者讲下去,进而愿意为"自己人"传播。

记住,留下第一印象的机会只有一次,虽然"示好"的技巧很重要,但要有艺术地"示好",我们必须极力避免以下5种形象:炫耀、傲慢与偏见、抓狂式演讲、嬉皮士、老好人。

第一种:炫耀

第一个被听众轰下场的演讲者,一定是个从头到尾自夸不停的家伙。看起来侃侃而谈,实则是吹嘘自己有多成功、多有钱、多厉害,这是"推销式"演讲。演讲的本质不在于炫耀摆酷,而是传递有价值的思想。正如 TED 倡导的那样——不论是大朋友还是小朋友,只要你有值得传播的思想和故事,有自己独特的见解,欢迎登上 TED 的舞台!

人性的优点是同情弱者,演讲者要把发挥人性优点的机会主动让给听众。自己"弱"一些,让听众"强"一些。没有人喜欢台上演讲的人是个自大狂。在台上进行自我吹捧和推销只会让听众反感。争取他人支持的最好方式是"博取同情"。试想一下,电影《唐伯虎点秋香》中,唐伯虎如果以"炫耀"自己江南四大才子身份的方式,还能成功进入对他恨之入骨的华府迎娶秋香吗?面对同样想通过"卖惨"博取同情进入华府的竞争者,唐伯虎故意让"石榴姐"踩死蟑螂"小强",之后对蟑螂的死痛哭流涕,宛如失去了家人一般,没有人比他更惨,这是让他进入华府的关键。

第二种:傲慢与偏见

"偏见让你无法接受我,傲慢让我无法爱上你。"这是对简·奥斯汀小说《傲慢与偏见》男女主角早期关系的概括。演讲者与听众的关系,很像恋爱关系,第一印象要让彼此有好感,才会有兴趣互相了解更多,进而决定是否携手开启新生活。如果一开始就给对方贴上"负面"标签,就算勉强被迫走入婚姻殿堂,大概率是以分手告终。演讲者语气、态度太傲慢,会让听众感觉很糟糕。

莎士比亚说:"要是你想达到你的目的,最好用温和的态度与人家讲话。"一天,我一边做家务,一边打开电视机听节目:"演员的天职是只要导演不喊'咔'就得演死,不许自己喊停。你忘词,就好比你是一个司机,你今天好像把方向盘拆下来了。你是做演员的,演员进门做的第一件事是什么?有人告诉你吗?三个字——不要脸!妹妹,我也是做演员的,如果我这样在镜头前三条,导演会跟我说'滚',因为你不配当演员。"

什么?我没听错吧?这段话并不出自于演讲者,而是出自于演讲点评人。点评者说这段话时带着恶狠狠的语气,加之傲慢不当的措辞,缺乏对演讲者的基本尊重。这根本不是点评,这就是谩骂。西方有句谚语:"如果你的舌头变成刀子,就会割破你的嘴唇。"这种谩骂通过电视媒体被传播了出去,成功提醒了大家,有这类不尊重演讲者的评委,简直是节目出品方的"耻辱"。点评者的态度让人感到他对帮助演讲者提升水平根本不感兴趣,只想告诉演讲者:"你看,我多么厉害,你们都要听我。"

这是一种能被大家容易听出的傲慢。还有一种容易被大家忽略的傲慢,就是演讲者为观众"预设立场"。"预设立场"就是演讲者给听众贴标签,是对听众的"偏见"。有一次,某演讲者开场是这样的:"今天晚上很高兴在这里,和大家分享关于偏见这个话题,其实我觉得作为地球上的普通一员,可能我们很难避免对他人产生偏见,同时也很难避免被偏见。"开场这句话就是对听众"预设立场"——你凭什么说我有偏见？

作为演讲者不应该一上台就把"负面"的立场和标签强加给听众，毕竟没有谁喜欢彼此刚一打招呼，就被打成"差评"。正确的做法应该是欲取先予，在"给"了听众一些干货之后，再引导大家"配合"自己。

在演讲中，每给听众贴上一次"负面标签"，就要再贴十次"正面标签"才能换回信赖。

第三种：抓狂式演讲

和大而无当比起来，这个时代更偏爱"小而美"。过于夸张、张扬的"正能量"式演讲，也不可取。对于个体而言，公众演讲的高频应用场景是商务演说。生活不是电影，类似"抓狂"式地撕心裂肺般呐喊，疯狂地打鸡血、喊口号，只会让听众联想到"狼来了"，把听众吓跑。

有位好朋友曾经告诉过我一段他自己的经历。他大学时就读的是山东大学物理系，有一天作为啦啦队去给物理系的演讲比赛选手加油。参赛者是一名来自广西的男同学，带有南方口音，但因为演讲风格搞笑，再加上普通话和肢体动作的地方特色，征服了现场所有人。这位演讲者最精彩的一句话是："让敌人在我们的解放鞋下痛苦地呻吟吧！"相当霸气，也相当符合军人的口味。评委们纷纷给出了高分，他眼看就要拿冠军了。

不料，最后一位演讲者，他的竞争对手，科社系的一位女生拿出了杀手锏。她总结陈词的最后一句，也是最歇斯底里的一句："时代的大纤，我们来拉！"由于用力过猛，她嗓子喊破了，眼泪也飙了出来。

结果她赢得了比赛。

他当时认为这位女生就是他们的敌人。之后,这个演讲者的声音就一直回荡在他脑海中,刺激着记忆细胞,"从来不需要想起,永远也不会忘记"。他以为将来再也不会有人这么讲话了,一直到某天,他突然发了一条演讲链接给我,微信上配了一句,某IT公司的年会演讲上,"抓狂式演讲"又出现了。

第四种:漫无目的、放飞自我的"嬉皮士"

浮夸的态度的确不好,但松散的气质也会让听众觉得你缺乏权威,可信度不高。"傲慢与偏见""抓狂式演讲"属于过火,漫无目的、放飞自我的"嬉皮士"则是不足。全程不停顿,动作杂乱、频繁,细碎的放飞自我式演讲,会让人觉得缺乏基本素养。基本体态不稳定,也很容易让人联想到演讲者是否情绪不稳定。

美籍俄罗斯人,美国最负盛名的钢琴家之一,弗拉基米尔·霍洛维茨演奏舒曼的《童年即景》时,演奏开始前,他静默一会,待全场掌声停止后,才让音乐从指间流淌出来,全身没有任何多余的动作。听众从他的演绎中,得以安静地享受音乐,回忆自己幸福的童年时光。而一些演奏家,对音乐本身的意义没有过多研究,一心只想炫技,让听众在他多动症般的姿势中,被搞得头晕目眩。和"震荡式"的演奏比起来,我还是更欣赏"雕塑般"的霍洛维茨,不为了获得观众的追捧而动作夸张,全程像一尊静谧的雕像,让人肃然起敬。

第五种:一味讨好听众的"老好人"

一副高高在上的演讲态度当然不可取,但唯唯诺诺、猥琐卑贱的讨好式演讲,听众也并不会买账。作为一个演讲者,不能为了"讨好"听众而自降权威。

自降权威，指的是演讲者没有坚定的立场，表达时模棱两可，多用不确定的语气和选词。这会让听众觉得你缺乏对所谈话题的研究深度，听起来像"骗子"。注意去听一些演讲者演讲时的选词和语气，自信的人总是比较肯定的；而使用模棱两可的"好像""似乎""也许"等词语，再配上犹豫、不肯定的语气，就会使演讲者费心积累起来的权威瞬间崩塌。

演讲要讨听众喜欢，应该以负责、善意的态度面对听众。负责，体现在你对自己所讲领域和主题的长期研究及认真准备上，准备的意义就是在这里，能够让你有充足的底气，用陈述的语句来表现实实在在的内容，语气肯定、自信。而不是通过老好人式地"讨好"听众，毫无立场，来获得认同感。

也许你积累了多年的经验，很想一股脑地分享给听众，可是，如果没有注意避开这5种引起听众反感的方式，就很容易用力过猛。当人们没有打开心扉去接纳你时，你的观点并不能激发听众的共鸣和行动。这些细节之所以重要，因为这就像当西红柿的左边已经"溃烂"了，人们尝试把坏的一半切掉，吃好的一半的做法行不通一样。人的行为具有一致性，人们不相信一个不可信的演讲者，能讲出优质的内容。

如何建立可信度与善意？

这些小技巧可以让你的形象平易近人，带着听众一起放松：立定、眼神交流、微笑、传递幽默。

立定。站在舞台中心，如果有PPT，站在观众视角的左方立定。避免吊儿郎当、松散无力的形态和疲惫的声音，否则会给听众留下你只是勉为其难来演讲的印象。以自信的姿态入场，就迈出了建立可信度与善意的第一步。

眼神交流。闪烁不定地到处看,会让听众感觉你似乎"有所隐瞒"。要想获得听众信任和增强演讲效果,演讲者必须认识到眼睛的妙用。我们不可能闭着眼睛完成演讲,当眼睛睁开时,演讲者的自信和信念,将透过眼睛这扇心灵的窗户传递给听众,演讲者的眼神要和内心和谐一致,传递一致的"信息"——坚定与善意。

刚登上演讲台时,演讲者的眼睛注视台下听众的技巧是——投向一个点,带动一整片。如果你上台时,采用仰视天花板,或是俯视地板,看起来就像电影《唐伯虎点秋香》里华府的两兄弟。盯着第一排,太近,让人觉得像在看地板;盯着最后一排,太远,看起来像望着天花板。应该首先望向中间排的听众,这样,全场的听众都会有一种被重视的感觉,从而专注于你的演讲。

"摇摆"不定,频繁环顾左右的方式也不妥,那会引起听众的反感甚至是厌恶,除非迫不得已,也要率先做出解释。李敖在北京大学演讲时,因为听演讲的学生太多,礼堂是一个圆形礼堂,他不得不采用左右注视的演讲。他自嘲说:"我觉得我像一台电风扇,因为我需要照顾两边的听众,和大家有眼神交流。"这就是率先做出解释,从而把不信任感的因素控制到最低。

微笑。如果你不知道如何让自己看起来精神饱满,那么就用眼神加微笑吧。演讲一开始就要进行眼神交流,如果辅以偶尔温暖的微笑,这就是一种神奇的技术,能够彻底改变观众对演讲的反应与接受度。

传递幽默。把两个毫不相关的事物放到一起,就能产生幽默的效果。好多年前在互联网上流传过一张广告图,一个老奶奶在介绍自己家的橘子特别甜时,用了一句:"甜过初恋。"橘子和初恋,这两个毫不相关的元素一组合，可比一大堆冰冷的技术指标对橘子的"推销"要有趣多了。这种艺术化处理信息的方式，就是为听众"说话"，让演讲者摆脱了"王婆卖瓜、自卖自夸"的窘境。

美国总统的演讲撰稿人有专门的"幽默培训"。他们会找专业的喜剧作家来讲课。喜剧作家的幽默秘密就是——好的笑话就是把两个大家意想不到的元素结合在一起，就能让人发笑。不过为总统制造幽默的难度系数可不小，这可比奥斯卡颁奖典礼的幽默主持要难多了，因为，总统既不能重复别人笑话，又不能失礼仪，要符合总统身份的幽默。

幽默是可以习得的。不妨准备一些便利贴，写下所有最火的明星名字、新闻元素、歌名等，然后随便抽两张，来个"头脑风暴"，看看谁和谁的组合，能组成一个有趣的笑话。这样的练习非常有效。

举个例子，崔永元曾在华盛顿做了一次主题为"教育与慈善"的演讲，他就把"立定""眼神交流""微笑""传递幽默"一气呵成，成了我最喜欢的演讲之一。

主持人介绍演讲嘉宾。崔永元上台，与主持人握手后面向听众鞠躬，走向演讲台立定，眼神看向礼堂中间。崔式微笑开讲："大家晚上好。大概是去年，我见到这个李大宇老师。他说我安排你到华盛顿去做演讲。我当时就特别激动，我以为是到白宫去演讲。（观众笑）我来了以后才知道不是。（观众笑）甚至李大宇老师跟我说，你这次去参观都不行，（观众笑）说去白宫参观都要预约，（观众笑）说是在中学租了那么一个礼堂，（观众笑）你到那随便讲一讲。（观众笑）我觉得那我就别那么重视了，所以你们看，今天我换了西服，没换裤子。（观众笑）有些人特别喜欢正式，比如昨天我们的朗诵会，大家都知道，我们跟徐涛发生一点冲突。（观众笑）徐涛觉得朗诵就是朗诵，不能唱歌,尤其是不能像崔永元那样唱歌。(观众笑)而且,不可以配音,就好好地朗诵诗就行。我们没有听他的,他发微博说,没文化真可怕。(观众笑)有没有文化啊,最大的差异,就是能不能宽容别人,宽容才是真正的文化。(观众笑)今天在座的朋友都特别宽容。

"你知道,国内的人有个习惯,他们如果到美国演讲,一定说是总统邀请的。(观众笑)如果他们演讲的时候座无虚席,他们一定都说这票都是买的,不是送的。(观众笑)所以就有好多人到维也纳音乐厅,到美国的音乐厅演出,甚至到美国的中学和大学去演讲,回去以后,就说是政府邀请的。(观众笑)那么我希望大家统一口径。(观众笑)其实这个社会上哪有事实,统一口径就是事实。"我统计了一下,听众平均1分钟笑了5次。

第6节 情感:情感赋予演讲生命,有人变化丰富,有人通篇一味

观众喜欢演讲者有情感转折

情感,是一个人对外界刺激所产生的肯定或否定的心理反应,如喜欢、愤怒、悲伤、恐惧、爱慕、厌恶等。一个人在说话时流露出来的感情色彩主要有:喜、怒、忧、思、悲、恐、惊七种。人不是机器,人有七情六欲,面对生活,总有累的时候,面对一些无能为力的困境,总有愤懑的时候。

从头到尾一直亢奋,或者一直哭哭啼啼的煽情方式,并不会打动

人，时间一长反而会激起听众的反感。因此，要在演讲中运用你所熟知的与生俱来的人类的各种情感。给人负面印象的演讲，都是通篇一味的演讲；而给人正面印象的演讲，都是有丰富情感的演讲。

佘诗曼在《说出我世界》的舞台上，首度挑战普通话演讲。她的普通话虽然不太好，但因为情感丰富，听众听完很有共鸣。她开场讲了一个自己拍戏的故事，随着这个故事的讲述，释放了丰富的情感变化（见表4-3）。

表 4-3

内容推进	情感变化
大爱好，我是佘诗曼。今天我想跟大家分享的是，我最开心的、最害怕的和我最爱的人。	轻松而喜悦：浓浓的动人的爱、给人慈祥的感觉，声音柔和平缓。
记得拍《火舞黄沙》那一年，里面有一场戏，有个8岁小孩，他生病了，晕倒了，我要背着他跑去找大夫。那个小孩就特别地顽皮，就爱说话。拍之前我走过去，跟他沟通沟通一下。	微怒：声音和表情特意突出"特别地顽皮，就爱说话。"随后，放松，语言行至"拍之前我走过去，跟他沟通沟通一下。"时，声音和缓下来。
我说："嘿，帅哥，等一下拍的时候你可不可以闭着眼睛不说话不要动呢？	轻松而喜悦。
"为什么不能说？为什么不能说？"	模仿孩子的声音争辩，怒气地问。
"我求求你，我真的很想一条过。只要你听我的，我请你吃冰淇淋、巧克力。我知道你喜欢的，是吗？只要你答应我，我什么都请你吃。"	因为不知道孩子会不会答应，所以忧虑地说。
他考虑了一下："好吧，阿姨。"	考虑了一下，留出停顿，表示孩子有所思，随即声音立刻爽快地脱口而出，情绪转为喜悦。
"什么阿姨，叫姐姐！"	假装愤怒的情感。

(续)

内容推进	情感变化
我们还拉钩钩。三二一,Action!我就背着他拼命地跑啊跑,突然之间我发现有点不对劲。我的裙子好像松了。我继续跑,继续跑。导演也没喊"Cut"。在那千分之零点一秒之间,我要决定到底我要放手还是继续背着他。如果我把他放开的话他就会飞得很远去,但是如果我放手的话,可能我不会摔倒。决定了!	恐、惊两股情感交替出现。
啪!90度地趴在地上,我两颗牙齿爆开,下巴都破了,满口是血。	情感趋于缓和、平静。
我回头看那个小孩,看他有没有事。他闭着眼睛,摸着头。他妈妈跑过去问他:"你有没有事啊?"他还是闭着眼睛摇着头。 "你有没有事?说呀!是不是很疼?"	情绪进行了四次变化:忧、恐、惊、怒。
他就说了一句:"我答应了姐姐,不能睁开眼睛不能说话的。"	情绪再次进行了三次变化:忧、思、恐。

愤怒、厌恶、恐惧、爱、幸福、悲伤和惊喜等多种感情,让演讲不再通篇一味。佘诗曼由于有多年的表演经验,表达不同情绪时张弛有度,既精准又转化得非常自然。听众的心情随着跌宕起伏的情感变化,跟随她一起升华了演讲主题——人要为自己的承诺负责。

如果你不希望自己的演讲面无表情、不动声色,给听众一种打扑克要赢钱的感受,就不能简单地拿着稿子照着念,要让听众感受到你是一个真实的、活生生、有丰富情感的人。

让思考变得有"人情味"

有的总统演讲撰稿人,喜欢问总统:"你最近看了什么书吗?让你最感动的电影是哪一部呢?"这类问题能让总统的思考更有"人情味"。当总统想起打动自己的画面、电影、书籍后,撰稿者会加入到讲稿中,为文字增添"人情味"。

人对悲伤、快乐等情绪的体验是递减的,但却很难忘记第一次的体验。尝试问自己:

第一次拿到薪水时是什么心情?

拥有第一套房子时有多激动?

初恋的感受是什么?

只要回顾第一次做某件事情的感受,情感就会立刻被唤醒。直到现在,我还记得第一次报名参加学校演讲比赛时,紧张得要死;第一次争取到客户时,兴奋的感觉;第一本书籍出版后的激动劲儿。

即使是商务演讲,面对一堆冰冷的数字,也不能仅仅"陈述"报告。没有投入感情的演讲听起来就像照本宣科。不能让听众感觉换谁来讲都一样,抓不住听众的注意力。商务演讲是对机会的抓取,每一分每一秒都是机会点,即使是报告,也要放入感情。

在资料、证据和逻辑推演等部分放入感情的方法,就是融入"人性化"的思考,让思考变得有"感情"。具体做法是,问自己一系列"第一次"相关的问题。

你的第一份工作留下了何种记忆,第一次拿到薪水是什么感觉,对这些问题的探索,可以激发出你的内心价值、能量潜力、情感张力。卡耐基曾经回忆,自己在电报公司当送信员时,每到领薪水那天,所有的孩子们都要排成一排,等经理发薪水。有一次,卡耐基被经理要求排在最后,他紧张死了,担心自己可能因工作失误被辞退。

当他终于走到经理面前时,他不敢抬起头接受"厄运"。经理说:"卡耐基,最出色的你理应多拿3美金。"卡耐基傻眼了,那一周,他拿了18美金。回家路上,他实在太激动了。多年后回忆起来,他形容这多出来的3美金给自己带来的快乐,比日后挣到100万美元时还多。那是他第一次勇于尝试用耳朵听懂电报,并快速送信给收件人,因为这一举动受到了嘉奖。到家之后,他把这3美金的秘密告诉了弟弟。多余的钱没有立刻给母亲,等了一周之后,再交给妈妈。他回忆说,看到母亲惊讶的表情,他永远也忘不掉,母亲眼神中透出的自豪。

PPT是冰冷的,单纯让里面多些图片少些数字的方法,并不能改变PPT冰冷的事实。要围绕PPT讲出不冰冷的故事,唯一的方法就是,演讲时关注那些没写在PPT里面的东西。我们不可能把自己的情感、动力写到PPT里。真正让演讲生动、有人情味的秘密,是这背后的故事,是和你自己本身相连的故事——你的动力,为了争取更好的生活而去努力的动力。

演讲者和台下听众的动机如果相同,自然就有了同一个愿景。演讲者也一定能激起听众的共鸣,因为演讲者的内容不再冰冷,而是充满温情。

情感传递的两种语言——声音语言和肢体语言

体态和表情能传递情绪,影响他人对你的印象。当你表达某种情绪时,除了选词之外,声音和肢体语言也要有一致性。1971年加州大学洛杉矶分校,阿尔伯特·梅拉宾博士为了研究语音和表情对人情绪的影响,做了一个实验,通过录音和照片来研究人们对你的喜爱程度,内容、声音、表情各占多少比例。

当我们在传递一个信息的时候,除了选用准确的单词之外,还要用自己的声音对单词进行发音,从而传递出这个信息。他发现,语气的影响,比选用单词本身的影响要大得多。

随后他加入了表情,发现沟通效果又受到了新的影响,并且计算出各渠道信息传递的贡献比率,总起来就得出了一个被大众广泛接受的数字——73855。用简单的话说就是,人们对你的喜爱程度的整体,7%来自于你所选用的词语本身,38%是来自于对你的声音语气,55%是来自于你的面部表情、肢体语言等。

尽管有人质疑,当时做实验的社会环境和实验情景设计并非足够客观,换到真实的社会环境当中数值也许会改变,但实验至少传递了一个清晰的态度,向公众演讲时,你的可信度来自于由遣词造句、声音语气、表情肢体等共同构成的整体印象。

富有变化且内外一致的情感,会让听众和你的联系更加紧密。

这些情感练习一定能帮到你

真诚而热情。挽救一个糟糕演讲内容的唯一方法,就是保持真诚和热情。这种情感组合能遮掩99%的缺陷。真诚而热情的感觉,就是交谈起来轻松而喜悦,很接近你与喜欢的人谈话的方式,语言简单清晰,不用复杂的句式,不咬文嚼字。

如果我们的演讲只是在陈述事实或者说明信息,就会出现过多的专业术语。但是,当你讲自己故事的时候,尤其是当你讲最能代表自己性格故事的时候,这种真诚而热情的情感就会自然流露,你的声音也会充满真诚而自然的感情。

情感的展现,要符合当下的场合。比如,追悼会就和表彰大会的感情色彩肯定不同。也许大部分时候,人的感情基调比较"单一",比如,联合国大会上的严肃议题演讲者,大多数时候,要带着听众揭开骇人听闻的事实，带着听众体验理性的层层分析并抽丝剥茧，所以声音听起来一直比较"冷淡"。

而且，由于多年以来在特定环境下养成的严肃习惯，情感是难以突然爆发的。换句话说就是，即使演讲者知道需要展现出丰富的情感，但由于受制于"表达"惯性，只能呈现自己单一的一面。

这些练习会帮助你"活化"情感。

第一种，由内而外的冷漠。由内而外的冷漠怎么去表达？我们可以将声音放平，既不要太高，也不要太低，有点像爱搭不理的感觉，见到自己不喜欢的人通常都是这样子。

第二种，情绪升级，不仅仅是冷，还有憎恶。一个人咬牙切齿的时候，口腔会收紧，声音会很硬。

第三种，气愤。我们声音更急促一些，就好像口腔里面能够射出一根根的利箭。比如我们在生活当中都难免会催促孩子，这时候的情绪很气愤，孩子非常不喜欢。

第四种，由气愤进而发怒。人在发怒的时候，气特别粗也很有力，声音也会很重，口腔里就跟上了炮弹似的。妈妈们吼孩子的时候，尤其是辅导作业着急上火的时候，那声音瞬间就由气愤进而发怒了。

第五种，恐惧。有发怒的父母就会有恐惧的孩子，恐惧的声音是颤抖的、发紧的。大家可以默默地调取一下生活当中让你恐惧的记忆，听听声音所呈现出来的状态。

第六种，欢喜。内心的期盼被实现和充分满足了以后，会有发自内心的高兴愉悦。人的整个胸腔，都充满了喜悦的气息，声音也自然高了起来。

第七种，悲伤。讲述一个悲伤的故事时，如果没有流露出伤感或较沉重的情绪,反而让听众觉得"嬉皮笑脸",效果一定会适得其反。表达悲伤情绪时,声音会自然下沉,每一个字被说出来时,好像很艰难,沉甸甸的。

第八种,娓娓道来时,传递浓浓的动人爱意。声音很柔和平缓,给人很慈祥安静的感觉。

和谈话时不同的是,很多人演讲时会下意识地用一些"嗯""哦"这样的停顿词汇,这个缺点在演讲时会被放大。如果你需要思考,那就直接停顿,不要借用语气词。演讲时,你完全可以让自己的情感自然流露,热情、难过、愤怒、快乐、疑惑等,只要是你的真情实感,都可以自然地宣泄出来。厉害的演说家都承认,再有煽动性的语言也没有自然的情感来得更有说服力。关键是,在演讲中赋予真情。

向观众传递这样一种丰富的情感状态:精神饱满,情感真诚。这样才能赋予演讲以生命。

第7节 互动:氛围不活跃,使用哪些招?

"抖包袱"的力量

李敖在北京大学演讲时,用了两个故事分别抖出了演讲时记不住和紧张这两大"意外"。他说:"罗马教皇庇护十二世讲了一句话,演讲的时候不能用稿子。为什么不能用稿子?用稿子就表示你记不住。如果你自己都记不住,怎么能要求听众记得住呢?这个演讲就是失败的。对,大家看好,我没稿子。"随后,把夹克往两边拉开,漏出夹克的内衬，表示自己没有夹带讲稿。台下一片掌声。

他紧接着说："前天晚上我迷糊做梦的时候编了个故事。北京大学一个女孩子，她进了一个小房间，忽然看到一个男的在这个小房间里面，嘴巴里面念念有词，来回走动。这女孩子就问他：'你在干吗？'他说：'我在背讲演稿。'女孩子问：'你在哪儿讲演？男孩子回答：'我要在北京大学讲演。'女孩子又问：'你紧张吗？'男的说：'我不紧张。'女孩子才不信，问他：'如果不紧张，为什么跑进女厕所？'"观众被这突如其来的"包袱"逗得大笑。

随后，李敖继续用手轻轻捂住嘴巴，头转向背后的主席台，故意对着主席台上的嘉宾，小声地调侃："这个人就是连战。"主席台上的嘉宾和台下正襟危坐的听众立刻喷出会意的笑声。短短两分钟，和听众互动了4次。

李敖用了一种手法，英文是 Riffing，中文翻译是即兴重复，具体做法就是就是先让观众笑，然后暂停，接着用和之前有关联的笑点说出一个更夸大或更好、更极致的句子，使观众发笑。李敖的"这个人就是连战"就是那个更夸大、极致的句子。

金星有一次采访六六，也用这个方法顺利地抖出了"包袱"。金星问六六："六六是笔名，真名能问吗？"

"笔名。"

"那能问您贵姓吗？"

"我姓张。"

"弓长张，大名能问吗？"

"哎呀，别提了。这是我心头之伤，你知道吗？弓长张，辛苦的辛。我在没有叫六六之前的那段日子里，真是人如其名啊，前半生的路，无限坎坷，真的是买两斤排骨都能掉眼泪……所以我叫我儿子偶得，就是不用努力都能得到。"

金星立刻补充："那将来我给我孙子取名叫白拿。"观众大笑。"白拿"就是那个更夸大、极致的"包袱"。"抖包袱"使人放松，让观众以一种更容易接受的姿态聆听你的信息。但是使用"包袱"时要注意对象和场合，否则会被认为失礼、没有教养。

准备一些常用"包袱"，对你的家人、朋友或同事试着抖抖。他们笑了吗？如果没有，那就改一改或者弃之不用。如果你不善抖"包袱"，那也不要强求。

自嘲的力量

最著名的自我解嘲就是苏格拉底对其悍妻的幽默。苏格拉底曾说："大家应该都要结婚，因为结婚实在有着太多的好处。你若娶到贤妻，当然是一大幸福；若娶到像我太太这样的悍妇，还可以借此成为哲学家。"

自嘲体现了一个人的价值观以及道德标准。一个敢于拿自己的"缺陷"自嘲的人，就表明他并不认为这个缺陷会降低他的价值，反而是他的特点。这就是在表明一种价值观和态度，他敢于做自己。想要在演讲中活跃氛围，可以在演讲开始时讲一些与演讲主题相关的趣闻逸事，其中的自嘲要非常自然。一次，我受邀参与职场女性的演讲，以自己的身高自嘲开场：

"成年后的我，身高依旧停留在'小孩'阶段。一开始我并不觉得身高是一件多么重要的事情，有一次我在电梯里碰到这么一件事：

第四章 演讲技巧

"'爸爸,我下学期开学就能比她高了。'一个心直口快的小学生雀跃地说。

"对方爸爸瞬间觉得很尴尬,没有出声,电梯里的空气瞬间凝结了。

"'爸爸,你看,我下学期就能比她高了。'这孩子也许觉得自己学习不行,终于找到一个突破点,可以在爸爸面前表现一番了,第二次声音更大了!

"'你闭嘴!'电梯里尴尬的氛围让对方爸爸忍不住了,怒气和歉意都包裹在声音里,一开口生气地对着自己的儿子吼叫起来。

"'额,其实没什么啦,我都习惯了!''孩子还小啊,根本不懂得成人世界的规矩啦!'真实的电梯中,我一点声音也没发出,只是在心里这么劝他。这些话在我肚子里面嘀咕着,尴尬的氛围也随着电梯楼层的升高而逐渐聚集。正在这时,电梯到达了6层,大人送小孩去6层楼的补习班,我终于可以一个人'享受'电梯的安静时光了。"

要注意提高"自嘲"的品位,粗俗和自嘲仅一线之差,区别就在于,你是"冒犯"别人,还是"冒犯"自己。比如,有一天我打开手机,听到演讲者是这么开场的:"昨天晚上我喝大了,现在还有点晕。这个喝酒啊,跟任何事情一样,分三种情况:一种呢,能力强,胆子大,能干个大事;能力强,胆子小,能干个中等事;能力差,胆子大就会坏事儿。我喝酒属于第三种。我今天早晨醒来,我就想,昨天一块吃饭的有十几个朋友,明知道我是能力差,胆子大,为什么大家都会劝我喝?是我的人品有问题呢?还是他们的人品有问题?刚才我在台后跟主办方说,喝大的人,肯定讲不好。主办方说,前几个人已经讲得很好了,我们需要一个讲得不好的人。我不知道,是她的人品有问题呢,还是我的人品有问题?"

首先，在公开场合说喝大了之类的语言，已经够粗俗了，再加上，反复说是我的人品有问题，还是他们的人品有问题，让当事人一定觉得不好受。

图片、视频的力量

如今，主流的演讲都是 PPT 上出现一幅幅有温度的图片，而不是一堆冰冷的数字。因为，听众接收可视化信息的效率远远高出文字信息，一图胜千言。不仅如此，这些图片会在演讲间隙起到吸引观众、和观众互动的目的。

演讲者围绕一个个小主题展开演讲时，播放辅助演讲的视频或图片，就能产生极好的互动效果，因为听众容易对人长时间的讲话感到厌倦。偶尔换成视觉信息，用画面推进演讲，就是在创造变化，可以让观众耳目一新。如果还能在视觉资料中"抖包袱"——用图片和声音讲述制造反差，就能让互动氛围更欢乐。比如，在《你所不知道的婚姻》这篇 TED 演讲中，演讲者就是这么做的：一边播放趣味图片，一边表述自己的观察，渐渐引入演讲主题。短短 1 分 20 秒，演讲者分享了 9 张图片，图片每出现一次，听众就笑一次。

故事的力量

好故事可以出现在演讲的任何部分，可以在初始部分，可以在中间阐释部分，也可以在互动部分。人类从古至今都爱听故事，古时候茶楼说书，现在的话剧、相声、脱口秀、电影，本质上都是将跌宕起伏的故事，加工成不同的艺术形式，讲给世人听。

停顿的力量

最简单的互动就是停顿。每当演讲者要进入下一个新话题，或在前一层意思上递进时，稍做停顿，就能赢得听众好感。你必须给听众时间，听众才会笑、鼓掌、期待甚至是提问，这都需要演讲者稍停片刻。

第8节 记忆：内容记不住怎么办？

罗马教皇庇护十二世过去也要看稿演讲。有一次，一个信众对他说："你作为一个讲道理的人，如果你自己都不能记住这些道理是什么，你还要看稿子来讲这个道理，你怎么能够让我相信让我记住呢？"罗马教皇庇护十二世非常惊讶，而且哑口无言：信众说得很对啊。从那之后，他就告诉自己，绝对、绝对不能再看稿子来讲道理了。从那之后，他就开始决定要把这些内容记在自己的脑子里。

事实的确如此，当我们看到一个演讲者站在台上，拿着稿件念时，总不如一个脱稿演讲的人更容易打动听众。

内容记不住，首先是因为大脑有"情绪"

记忆是建立在自己了解大脑如何工作、如何处理和记忆信息之上的。我们的大脑因为自带很多"负面情绪"，所以效率低下。

不妨把大脑想象成和自己进行商务谈判的对手。在商务谈判的情景中我们会发现，要想获得共赢的商谈效果，大家就要带着共识进行交流。争得脸红脖子粗有用吗？所有的理论都是在人高兴的时候才起作用，最终业务没谈成，据理力争的双方都是双输。

人有时表达出愤怒,是为了让对方做出更大的让步。但在商务谈判中,你的愤怒也会激起对方的情绪,结果是拒绝,欲速则不达。

当然,你之所以总是据理力争,这是因为每个人都有一个因习惯形成的"问题解决心理模型",换句话说就是,我们一直是怎么看待一件事情本身的因果关系,如果我们总是觉得——因为演讲不好,所以我才会紧张,因为不善于演讲,所以我不想去演讲,这样一个因果关系会把自己演讲不好当作一切的因。而事实上并非如此,这不是客观的因果。当我们重新正确地去理解事物的因果关系,就有助于深入地提升自己,帮助自己更好地去预测接下来发生的事,从而去解决这件事情。成功解决后,最终又会反过来作用于你的心理模型,从而让它变成一个更积极的心理模型,彻底远离过去的对抗模式。

你是怎么看待眼前这件事情本身的?

有时候真的就是当局者迷。比如在《上帝也疯狂》这部电影中,一位非洲土著,想要把地上的树枝往天上扔,从而献给上帝。但树枝一次次地掉下来,他一次次捡起来重新往天上扔,这样循环往复好多次。作为文明社会中的我们,自然会觉得这是一次次徒劳无功的尝试,但对于身处其中的人,他会始终觉得自己还不够虔诚,所以上帝才没有接受。而我们却一眼就知道这件事情本身就不符合科学,他当然没有办法把树枝扔到天空,让树枝消失在天空,因为有地球引力。

在演讲这件事情上,我们很多人可能都处于《上帝也疯狂》那个土著的位置。

把问题都归结于自己不够好,这样的"负面情绪"一直在干扰他做出正确的决策和行为。当我们站在一个更高的高度去看待别人的因果行为时,就会显而易见地知道对方的心理模型。我们对事件的因果关系越清楚，协助对方解决困扰的方法就越精准。抓住问题的症结，才不会受困于"负面情绪"。

因此学习的目的之一就是看清事物的因果关系，从而建立一个对自己更有利的心理模型，进而优化自己的心理模型，从对抗到共享。像大多数人一样，你有能力让自己的生活过得更好，你有能力用演讲感染、启迪和鼓舞他人，给悲伤者以希望，给迷失者以方向。

从对抗到共享

好的老师不会一味地要求你达到某种不可能实现的目标，相反，好的老师懂得帮助学生激发自身的共享心理模型，根据学生所能接受的程度来慢慢分解练习难度，制定练习步骤，从而让学生产生舒适"正面"的心理感觉，直至达成目标。

我发现，在面对演讲这件事情上，很多人花了大价钱请了好老师，自己却一直在扮演那个"坏"老师。只要一紧张，就开始妄自菲薄，比如"我讲得很差，我曾因为紧张而把演讲搞得一塌糊涂；我经常忘词，我是一个糟糕的公开演讲者，没人想听我那乏味的演讲。"如果日复一日地对自己说这些话，毫无疑问，你会越来越差。

既然记不住内容的首要原因是大脑"情绪"，它来源于对抗心理模式的条件反射，那我们就要想办法扳回一局。把"坏"老师解雇掉，留下"好"老师。让我们用想象来发挥引导力，把"记住演讲稿"这个对象从对手想象成和你一起谈判的团队，这就是一种共享的心理模型，只有这样你们俩的目标才会一致。

因为你们的诉求相同，知识相近，这就意味着你们的心理模型相似，这样在商讨如何"记住演讲稿"时，你们共同的目标是希望能够拿下这个"项目",让"双方"容易形成更一致的看法,劲往一处使,事情自然就做成了。

关于"谈判",我们过去的固有印象是像分饼一样,你分多了我就分少了,大家是一种互相抢的模式,对抗感自然就形成了。但这只是我们头脑中的一个基本预设。因此,所谓共享心态,就是把演讲内容本身看成一件资源创造性的事情。事实上对于演讲而言,这个世界上从来不会嫌一个新观点是多余的,演讲本身就是为了传播观点而服务的形式。大家通过交换信息,从而让彼此都获得更新的想法,让想法创造出更好的收益。

这时,思考的方向便开始起作用了。事实上,演讲稿根本不需要你"背",它需要的就是"说"出我心。当学习者带着共享心理模型时,对于自己做出的结果有非常积极的影响。我们的看法改变后,行为就会改变——说话就是把我的想法说给你听,演讲就是把我的想法说给很多人听,听众从这些想法中拿去自己想要的那部分就行了。

对自己多说一些积极鼓励的话,强调双赢,强调共享,强调正向的一面,愿望就不会落空。只要一次正面例证,就能持续清晰地表达思想,让心灵放声歌唱。

说自己熟悉的语言

语言是演讲的物质材料,用自己熟悉的语言说话,一定能找到无数"我能做到"的例证。

记得有一次朋友建议我看看某主持人大赛,说是强势平台举办,高手如林。结果一会儿就看不下去了,什么也没记住,无论是选手还是主持人、评委,语言都太模式化了,全场都是"异乡""远方""是遥远,是艰苦,是陌生,是偏僻""沿着陡峭的山壁攀登向上"之类的用词。生活中谁会这么说话啊。

自己能记住、听众也能记住的语言都是"熟悉"的语言。所谓"熟悉"的语言就是你自己的语言,而不是说别人的语言。换句话说,真正从语言上给记忆减负,就是要说自己平时的语言,而不是说一套"官"话,用自己的文字和语气来表达同样的意思,才会有自己的风格。如果你做好准备"背诵"别人的语言,大概率是要"失忆"的。

美国总统演讲背后的撰稿人在写总统讲话稿时,也要写出总统自己的话。即使稿件是撰稿人在写,但美国总统讲话有个功课也是必须要自己做的,那就是拿到稿件之后要尽快地熟悉,减少自己眼睛看稿件的过程,同时还要做到讲出来时,让听众感觉是自己写的并且是精心准备的演讲。

美国总统的演讲撰稿人,为了减少总统演讲的失忆率,常常会聚在一起,模仿总统的声音讲话,以确保自己的文稿符合总统的说话风格。比如,克林顿的演讲不是以"名言"闻名,他喜欢用对话的方式进行演讲,就像人们日常对话一样。

因此对待演讲的记忆环节,人们常担心记不住演讲稿的内容。怎么办?应对的方法很简单,要允许自己的表达和准备好的稿件有所不同。2018年,张小龙演讲时不小心出了一个意外,他说:"我们说过微信是一个工具,到现在我还是这么认为,微信就是一个工具,那怎么样才能做到最好的工具?"……停顿5秒,听众掌声响起,张小龙说:"不好意思,我再想一下。"提词器上的救场文字出现后,声音继续:"嗯,就是,我们所有的努力都会知道一个目标,这个目标就是尊重用户、尊重个人。"我作为听众的感觉是,微信之父张小龙很可能没用"自己的话"。直到下一句开始说自己的语言后,瞬间自然、亲和了很多:"在这一点上我其实蛮自豪的,我觉得微信在这一点上比其他很多的产品都要做得更好一些。"

具体这么做:要了解自己的性格和说话风格,随后把同样的内容用自己的话再讲一遍。换句话说,就是先让自己彻底理解,然后用自己的话再解释出来给听众,而不是死记硬背。

如果你需要记住的演讲稿内容太庞大,这时还需要你在"讲给自己听"时,运用技巧进行"组块记忆"。

四大组块记忆技巧让你所有内容都记得住

内容记不住是因为你没运用心理学上的组块记忆。所谓组块,就是把要演讲的内容进行"包装",把内容以利于记忆的方式来组织。在第二章第一节中,和大家分享了演讲的四种表达策略顺序,"深"加工的方法主要是这四种:

时间顺序:事物的发展变化都离不开时间,按照时间的推移叙述演讲观点和事情的发展。

因果顺序:一个事件(即"因")和第二个事件(即"果")之间的关系,其中后一事件被认为是前一事件的结果,前一事件导致后一事件的发展。

问题求解顺序:就是合理、快捷、有效地解决疑问的顺序。按照问题求解的顺序演讲的话,即便是一个很难的话题,也可以合理且科学地讲出答案。

主题顺序:也可以叫作要点顺序,很适合较大型、较长时间的演讲方案,按照主题的顺序逐一演讲下来。

用这些策略组织内容的过程，就是进行组块的过程。记忆最基础的单位是组块，如果说人的记忆总量是一个立方体的话，那么每一个你所记得的基本信息，就是这个立方体中最微小的一个单位，这个专业的词语就叫作"块"。这些单个的信息单元由于太零散，主讲人常常会忘记。只有把记忆对象进行重新编码组合，主讲人才能进而记住重点，再由重点发出信号，启发自己释放出大脑中的其他信息。它会把单个毫无关系的刺激信息，联合成有意义的，容量更大的组合信息。你可以把这个过程理解为对内容有了深刻理解后的长效记忆。

这四种方式你都应该尝试，几个经典模式不断练习到熟稔于心的程度，一定会对工作生活都大有裨益。我建议你在练习时，用同一个话题来练，用四种组块记忆方式来测试，既记录自己的感受，又记录下观众的反馈，选出一种适合自己记忆的演讲模型结构，再观测出这种结构是否对吸引听众的注意力有帮助。经过这样的测试，今后你就不用在准备重大演讲时，犹豫着要用哪种结构来进行组块了。

第一种：时间顺序，也叫时间轴结构

这是一种很适合各种领袖、CEO演讲的结构。你可以讲故事、用事实，说想法，关键是按着时间轴来陈述，把所有信息都顺着"过去、现在、未来"这条线索展开。这是一种大气磅礴并且具有强逻辑的结构，时间是一种客观存在，没有人会怀疑时间的先后顺序。你可以想像玩转智能手机一样，把它双击放大，再双击缩小。它可以大气，也可以细微。

所谓大气，是你可以以五年、十年、五十年、一百年、一千年的间隔来使用。所以强逻辑，就是只要时间表一列出来，没有人会怀疑时间的先后顺序。只要有一条时间线，演讲者就可以将不同的事物或者故事联系起来，并赋予清晰的逻辑。林肯的葛底斯堡演讲，菲奥里的《耶路撒冷三千年》、吴晓波的《激荡三十年》就是用的时间轴结构。

第二种：因果顺序，也叫"Why—How—What"结构

最经久不衰的风格是演讲者所秉持的价值观。价值观型演讲是乔布斯这类世界级企业家最常用的结构。

做点别的行不行？——不行！

为什么不行？——因为我要追随自己的内心。

你的内心想干什么？——我想要改变世界。

你干什么要改变世界？——因为牛人都改变了世界。

牛人都怎么改变世界的？——不同凡"想"。

Why 是最内圈，主要讲的是目标、使命、理念和愿景。

How 是中间圈，主要讲怎么干，也就是具体的操作方法和路径。

What 是最外圈，主要说明这件事情是什么，有什么具体的特点，或者你已经达成的结果。

从内圈到外圈的结构顺序，是一系列原因和结果的顺序，也叫黄金圈顺序。越是世界级的企业，黄金圈顺序越清晰。

这种结构模型，特别适合用来做一个介绍产品或者项目的演讲。

Why——我为什么要做这个项目？

How——这个项目如何帮助、改变他人？

What——这个项目有什么价值？

在这三个部分中，如果能各加入一个故事，那么将是一个"杀手级"的演讲。

第三种：问题求解顺序，也叫金字塔结构

问题求解顺序，可以拆解为"问题—原因—对策—结果"结构模型。先提出一个问题来，然后再说下去，一下就抓住了大家的注意力。这是一种层层递进的结构。每一层现在的知识，都是建构上一层的基础。因此，从疑惑开始层层递进，一点一点地增加，就能维持听众的注意力在线。

公司会议、报告、发言上，经常听到这样的结构化演讲。例如，某公司市场部的季度工作汇报。

"问题"：X业务板块的销量下滑了17%。

"原因"：发现有两个重要原因导致了销量下滑，并分别陈述。

"对策"：控制在三条，太多了无法保证执行到位，比如该业务板块全国大促、重点区域调价、更换产品经理。

"结果"：均衡三项对策，决定不实施第一项，立即执行后两项措施。

学会了这个结构，就大大减轻了记忆负担，在公司的会议、报告、发言上演讲，也就不会忘记了。

第四种：主题顺序，也叫 PREP 要点结构

PREP 四个英文字母分别代表：Point（观点），Reason（理由），Example（案例），Point（再次讲观点）。听演讲时，有经验的演讲者

通常会在一开始就告诉大家，准备要讲哪几个要点，然后开始讲要点，演讲接近尾声时再次总结一遍今天的要点。许多演讲者都喜欢用这个结构，因为这个结构实在是太百搭了，比如我前面写过的马丁·塞利格曼就喜欢用这个结构。

PREP 结构其实就是最基本的总分总结构，你可以在各种演讲场合使用。举个例子，如果你尝试用这个结构，假装自己要向别人讲解为什么要练习正确的跑步姿势。

Point（观点）：要学习、锻炼正确的姿势来跑步。

Reason（理由）：跑步是长时间的运动，长期用不正确的姿势来跑步的话容易受伤；另外正确的跑步姿势，长时间跑步就可以省很多力气。

Example（案例）：

在 20 世纪 70 年代，根据《跑者世界》的一份研究报告，在美国每三个人跑步就有两人曾经受伤过。现在也不会减少，因为人们过多依赖跑鞋保护和缓冲，脚的哪个部位着地都很舒服，反而不利于形成正确的跑姿。赤脚触地的冲击力会优化跑姿，过多保护会使肌肉弱化，就像健康人用拐杖一样，腿脚得不到锻炼不会正确地走路了。也就是说，跑鞋减缓了瞬间伤害，却让很多人形成错误跑姿，从而导致长期损伤。

我之前跑步是用后脚跟着地的，跑个 10 公里，膝盖就开始不舒服了。后面改变跑姿，前脚掌着地后后脚跟马上着地，就没这个问题了。

Point（再次讲观点）：想要避免受伤，用最少的力气跑步，就要学习、锻炼正确的跑姿。

第 9 节　故事:好故事是第一传播力,我该如何讲好故事?

刺激多巴胺的最强工具——故事

好的演讲应该要达成两件事:一是告诉听众一个以前从来不知道的事;二是给听众一个从来没有的思考方式。我想不到什么工具能比故事更能同时达成这两项目标了。讲故事,既能降低听众理解的难度,又能降低演讲者的记忆难度,还能把复杂的知识变有趣并增强演讲效果,简直一箭三雕。

2013 年 11 月 18 日,"《财经》年会 2014:预测与战略"在北京举行。威廉·杰斐逊·克林顿基金会创始人、第 42 任美国总统克林顿受邀为开幕式做主旨演讲。他在这场演讲中,就四方面的内容分享了自己的观点和经验:在中国迅速发展的背景下,公益的地位、公益所扮演的角色、公益的使命、中美两国践行的公益方式的比较。

毫无疑问,这是一个比较严肃的议题。克林顿以一个故事破题演讲:"美国的第一个非政府组织,是在美国作为一个国家诞生之前创立的,也是在宪法出台之前创立的。这是一个自愿组织起来的消防部门,美国的第一个消防部门,在第一个首都费城,由开拓者之一的本杰明·富兰克林创立。它直到今天还是全世界很多公益组织的榜样。

"那时候我们需要自愿组织起消防部门,因为很多房子会着火,而且因为政府在 17 世纪末的时候能力非常有限,其税收还不足以支持一个专业消防部门的运行,另外也没有人能利用消防工作来做生意赚钱。因为当时的房子都是木制的,当消防部门到达的时候,房屋可能已经被烤成灰烬,什么都没有留下。因此,我们的第一个非政府组织,就被用来填补政府部门职能和私人部门生产职能之间的空白。"

就这样,克林顿通过娓娓道来地讲述一个故事,只花几秒说理论的方式,给听众展现了丰富的画面,并对公益的地位、公益所扮演的角色做出了有效的解释。故事架起的"桥梁",让克林顿从美国第一个公益组织的起源,自然过渡到此次演讲的号召上——我们需要慈善公益组织,来填补政府部门职能和私人部门生产职能之间的空白。而我在电脑上听完克林顿的演讲后,也轻松记住了这个知识点,美国第一个公益组织——消防部门,其创立者是富兰克林。

也许很多人心里会嘀咕:"讲故事的人是克林顿啊,换我自己讲故事,可就不一定有这种魔力了,更何况,我脑子里没什么故事可讲。"演讲当然也有"名人效应",这是一个客观事实。新人上台演讲,的确会有些忐忑,怕讲不好而尴尬。事实上,只要演讲者以故事开场,就能把这种"尴尬"降到最低。让听众放下"成见"的方式,就是张开嘴巴,大声讲故事!

唐宋时期,在我国的城市中出现了一种新兴的引人注目的、受人喜爱的职业——"说话"。"说话"的艺人们以讲述听众喜闻乐见、波澜起伏、情节复杂的故事来招揽听众,从而获得收入。从事这种职业的艺人当时被人们称为"说话人",这些说话人的话本——也就是他们讲故事时所依据的底本也成了中国短篇白话小说的最初形态。讲故事的人本身并不属于名人,纯粹就是一种技艺和职业。

市场是检验产品的唯一标准,如果好的道理能招揽来听众的话,最终民间艺人一定会选择说道理,而不是说故事了。市场让人们逐渐达成了共识,抢占听众心智,靠的是好故事,而非好道理!大多数时候,故事和道理并不冲突,道理是故事的内核,故事是道理的外衣。

当你想给人们讲一个道理时，不如先给人们讲一个包裹着道理的故事。

即使没有演讲经验的新人，也能够运用自身的故事，给听众留下深刻的印象，获得极大的传播。

你的演讲中有 65% 的篇幅是故事吗？

演讲高手是用嘴描述故事的小说家。如果只能保留一项演讲素质，我一定把其他内容删掉，只留下故事。故事本身就有抓力，能给听众带去无数个兴奋点，是刺激多巴胺的最强工具，本身就能招揽大把的听众。

即使你没有很强的演讲技术，也一定要时刻记得做个有心人，搜寻和储存一些与众不同的故事，最好是你自己亲身经历的故事，来解释人们熟悉的事情。这么做的结果，一定让人记忆深刻，没理由要舍易就难。我常对学生们说："嘿，像存钱一样，存故事。"

在上一节讲到的主题顺序，也叫 PREP 要点结构中，E 代表 Example，中文意思是案例，而故事本身就是案例。乔布斯的演讲《活出你自己》中，讲出了 3 个用自身证明"活出你自己"价值观的故事案例，帮助自己迅速地建立起了演讲框架：一是生命中不可预知的因果关系；二是关于爱与得失；三是关于死亡这件事。

无论你用哪种结构进行演讲，演讲的内容占比都可以大大提升。换句话说就是，把形而上的道理，用一个个具体的故事串联起来。让你的故事性内容占演讲总量的 65%，这样你就是一个当之无愧的"讲故事的人"，而摘掉"讲道理"的标签。

TED 演讲点击榜中，长期占据高位的演讲者布莱恩·史蒂文森是一个当之无愧的会讲故事的人，故事在他的演讲中占比 65%。而他的演讲——一位律师的良知：从立法谈起，成了 TED 演讲舞台上，观众起立拍手最长时间的纪录。布莱恩·史蒂文森的演讲点击率之所以占据高位，演讲结束后成为现场观众起立鼓掌最久的嘉宾，正是因为他讲的关于"人自我定位"的故事激励人心，演讲中 65% 的篇幅都是故事。

不断刺激听众的秘诀就是——用故事来开始演讲，利用故事慢慢地把内容带进来，只花几秒来说理论的东西。布莱恩·史蒂文森做到了。因此，当你的演讲稿写作完成后，最后一道工序，检查一下，也自问一遍自己：你的演讲稿中，故事内容占比多少？

辅导演讲者时，我常常会问："你最近听到什么有趣的故事了吗？"以此来加深演讲者对故事的重视。可大家常常简单回复一句："没有什么有趣的故事，感觉生活很平淡。"于是，我不依不饶，接着继续"逼"问："那你听到的演讲中，有没有哪个故事是让你印象很深刻的。"接着对方一回想，发现还真有，不少同学还能继续回想起不少细节，随后慢慢组成一条清晰的故事叙述线，转述出大部分的故事梗概——故事本身、故事细节和连接点。

加入令人印象深刻的细节，就能让你的故事比例占据演讲内容的 65%。马云的演讲中就提到过很多他早年创业经历中的细节，很有画面感，情感上自然也就有带入感，在讲述这些故事的过程中，也体现了他不屈不挠的性格。没有细节的故事大概率是让人记不住的，细节让你的故事更可信。像他们一样，把让自己印象深刻的细节记录下来并说出来：

乔布斯加入了自己死亡体验的细节。

科比加入了凌晨四点钟洛杉矶太阳的细节。

那个叫凯瑟琳的女孩,加入让人们体验30秒的细节。

奥普拉加入了看着给别人打扫完房间的母亲,正精疲力尽地回到家中的细节。

第10节 解释:如何解释演讲话题中的艰涩概念?

演讲高手,必须是解释的高手

解释,就是把复杂的概念、理念、理论讲清楚。对一群有着不同认知半径的听众演讲时,准备的重点之一,就是要检查自己的概念内容是否过多,是否大大超过了听众的认知半径。爱因斯坦说过:"要简单,但又不能过于简单。"

因此,修改演讲内容的重点之一就是恰当地"打扮"你所解释的概念,用有助于理解概念的例子和比喻,来为听众勾勒出这个概念的具体"形状",听众就能切实看见它,大脑就知道如何有效地理解它。如果没有这一"形状",人们就无法正确理解这些概念。我们可以将其上升为,想要带领听众提升世界观,首先要让人们更好更清楚地"看见"概念下的现实。

克林顿是美国总统中最擅长解释的演讲家之一。他喜欢对话式的演讲,不断地解释。他认为只有解释清楚,才能让听众有共鸣。他在《财经》年会演讲末尾,想对大家说明人类是合作的物种,因为人类有意识,有心,有正确的观念,对其他人有同情心。

他没有使用非常复杂的逻辑推理来证明,而是用自己读过的一本书,讲了一个简单的故事——"威尔森是一名非常出众的学者,一位获得诺贝尔奖的微生物学家。他写了一本书叫《社会征服地球》。在这本书里威尔森谈到白蚁和蚂蚁,给我留下了深刻的印象。生活在地球上的蚂蚁数量比全世界人口的数量还要大,如果你把全世界的蚂蚁全放在一起,它的重量比全人类的重量还重。能够取得生存胜利的种族,都是那些会合作的种族,比如白蚁、蚂蚁、蜜蜂和人类等。

蚂蚁在非洲的雨林中和在南美的雨林中被天敌所追杀,它们当时能够感觉自己会被杀了,有些蚂蚁就爬到最高的草叶上去,然后来牺牲自己,让其他的同伴有时间逃跑。白蚁生活在这个温暖的地方,它们生活在地下,然后它们在地上挖了一个孔,它们只从一个孔中进出,其他四个是当作空调,而且也不用氟利昂。"

好的演讲必须既让听众知道你以前不知道的事,又可以给听众一个新的思考方式,自然不太可能选择"太幼稚"的演讲话题。因此,就要特别提醒自己演讲的话题可以很严肃、成熟、高深、有难度,但是解释必须简单明了。"谁更善于合作,谁就更能取得生存的胜利。"这是一个抽象的概念。威尔森从蚂蚁的视角揭示了事物发展的规律,解释了这个概念;克林顿再借用威尔森的故事传播了这个概念。

但现实中,我发现许多演讲者的习惯性做法是,加快这部分概念的语速,随后期盼时间快速推进,进行到下一个概念的解释中。他们所获得的,自然就是听众注意力的流失。

谁恐惧解释,谁的演讲就没有共鸣。

解释力越来越"强"的五个信号

信号1:有故事思维

不同的场合需要不同的故事。如果你是一个大家并不了解的演讲者,首先要解释"我是谁"。那些你要影响的对象一开始都有两个问题,第一个问题是"你是谁",只有很好的回答了第一个问题,他们才会愿意听你接下来要传播的观点。用故事思维来解释"我是谁",远胜过于一堆模式化的履历介绍。布莱恩没用任何图表和道具,也没有出示自己的"学霸"履历,就成功吸引了听众,成功呼吁即使是罪犯也需要公正的对待,因为我们的生存和每一个人的生存都分不开。

他是这么做出解释的:"很荣幸来到这里,我大多数时候都在管教所、在监狱里、在死囚室中。大部分时间我在低收入的社区里工作,在充满绝望的地区做前途暗淡的项目。"这种讲故事的方式成功激起了听众的兴趣,大家想知道与自己生活环境完全不同的另外一个世界,到底是怎样运作的。在努力影响他人之前,需要赢得足够的信任,有了好的突破口就为说服他人推动了一大步。我们是听故事长大的,对故事的热爱深入每个人的 DNA 中,无数的人渴望在故事中看见希望,来安顿我们混乱的人生,寻找人生真谛。用故事讲述你的来意,人们也会释放自己的同理心。

信号 2:语言简单明了

语言越简单,解释力越强。互联网上有一位老奶奶因为懂得"解释"而大火。这位老奶奶售卖自家水果时,为了解释自己的橘子很甜,用废弃的纸板,写了四个字:"甜过初恋"。

信号 3:推理简单

逻辑推理当然是很重要的,你可以使用"因为……所以"的简单逻辑句式,更复杂的推理就不适合演讲了。听众很难在听演讲的时候停顿下来,反复推敲,所以你一定要让自己的逻辑推理简单明了。比如,芒格就用非常简单的数字推理,向大家解释了为什么如果回到

1886年,他能让投资人相信150年后公司价值从200万增加到2万亿,通过推理说服投资人投资200万。

信号4:避免观点让人产生歧义

如果你的观点容易让人产生歧义,必须要在听众做出判断前,率先做出解释。记得有一次,我看一个演讲节目,因为演讲者和评委争论得特别激烈,所以我开始注意去听到底是哪句话"戳中"了评委的痛点。演讲者想表达的观点是——这个世界只有1%是创新,99%都是抄袭。听到这个观点后,评委毫不客气地说:"我不明白你为什么要来这里,花这么长的时间,用一个绕来绕去的逻辑,最终说一个会把大家带偏的观点。我认为你说的是错误的,抄袭就是错误。"

我仔细听完了全部争论后,发现演讲者真正想说的是,这个世界上,所有人的创新都是站在前人的肩膀上才有的。但是,由于第一印象的建立,且把核心内容藏得太深了,以至于激起了"众怒"。所以演讲时,如果你说的观点比较敏感,就一定要率先做出解释,建立好印象,然后再慢慢讲述。否则,众人会误以为你是来挑衅大众价值观的。

信号5:让数据深入人心

在解释的时候,可以用数据和事实,但是不要过多。当你的演讲必须要引用一些数据时,一定要避免冰冷地念数据。要让数据活起来,让数据深入人心,就要确保你的数据被人们彻底理解和明白。比如,那位叫凯瑟琳的女孩,就让一个30秒的时间数据变得生动、深入人心。

运用"外行视角",你也能释放这5种信号

想要拥有超强的解释力,必须"勤快"。常常用"外行视角"对生活中那些看似不需要去解释的对象,重新解释一遍,同时做一个生活的有心人,时刻注意搜集那些打动你的解释技巧,就能够说出比别人更强的、易于理解的语言。

要做出有效解释,首先需要在观察的基础上进行思考,看见事物之间的联系,推及事物发展的规律,再合理地说明、解释事物变化和发展的原因。要把这些复杂的理念和理论解释清楚,不是一件简单的事情,因为理解不能凭空获得,只能层层递进。

每一层现在的知识,都是建构上一层的基础,解释是让理解递进的梯子。我们只能从听众已知的地方开始,一点一点地增加,让听众通过使用自己已掌握的语言,在脑海中接收演讲者发送的信息,从而从由简到难,对每一部分进行搭建,最终获得理解。如果演讲者在准备内容时,已经为听众搭建好了,就能节约听众的理解时间,即刻获得掌声。

"传达信息"的难度在什么时候都是存在的,当然也存在于解释的时候。把一件事儿说清楚,需要拥有怎样的"外行视角"?如果你的演讲涉及解释一个重要的新概念,这5个问题的思考将有助于你的"搭建",因为它们会建立你的"外行视角"。

你的相关主题是什么?

你的听众由哪些人群构成?

你认为这些听众对这个主题已经知道什么?

你会使用什么样的比喻、例子和故事来解释和支撑概念?

如何确保你让外行人都能完全听懂？

只要是演讲，从预讲阶段开始，就要力图清晰，以此来增强自己的信心。前面四点的准备和预先设想及预讲，都是为了达成最后这一点的目标：如何确保你让外行人都能完全听懂。接下来，我将解释如何用"外行视角"，给这5个问题找到答案（见表4-4和表4-5）。

物理学家费曼，他对任何事物都拥有强烈的好奇心，除了研究物理学，他还有很多神奇的经历，比如，破解保险柜密码、演奏手鼓、破译玛雅象形文字、绘画甚至调查航天飞机失事。费曼回忆自己父亲时，对父亲的"解释"能力大加赞赏，并深深感激父亲的"解释"启发了他对事物的好奇心。他形容自己的父亲是最擅长用简单的语言传达深刻道理的人。

费曼的父亲常抱着他坐在膝上，给他念《大英百科全书》里的章节。比如，有一次念到恐龙，书里说："恐龙的身高有25英尺，头有6英尺宽。"

表 4-4

你的相关主题是什么？	
主讲人视角	"恐龙的身高有25英尺，头有6英尺宽。"
外行视角	"这也就是说，要是恐龙站在门前的院子里，那么它的身高足以使它的脑袋凑着咱们这两层楼的窗户，可它的脑袋却伸不进窗户，因为它比窗户还宽呢！"

费曼回忆说："就是这样，他总是把所教的概念变成可触可摸，有实际意义的东西。"

表 4-5

你的听众由哪些人群构成？	
主讲人视角	我自己
外行视角	一个不懂英尺是什么意思的孩子
你认为这些听众对这个主题已知道什么？	
主讲人视角	我知道了这是一个巨型动物
外行视角	我从没见过恐龙，也不知道恐龙到底比我自己大多少
你会使用什么样的比喻、例子和故事来解释概念？	
主讲人视角	我一看照片就知道了
外行视角	我觉得恐龙和家里的狗的区别只是一个有毛，一个没毛
如何确保你让外行人都能完全听懂？	
主讲人视角	我用1英尺乘以25，就能知道25英尺的高度了
外行视角	1英尺到底是多高？25英尺看起来会是什么样子？

费曼在爸爸的培养下，也成为了一名杰出的解释者，他因为能把复杂的概念解释给普通听众而闻名，他的解释技巧也被大家称为费曼技巧。

费曼技巧一共有5步：

第1步，在头脑里面有一个你要学习或要解释的概念。

第2步，尽量简单地把这个概念解释清楚。

第3步，想象给三年级的小朋友解释，如果发现对一些东西没有办法解释清楚，就意味着并不是真正明白，找到知识中的空缺。

第4步，填补这些空缺，通过网上搜索、请教他人、阅读书籍或其他方式。

第5步，再重复一遍前面四个步骤，直到可以解释清楚为止。

运用这个技巧对自己的"解释力"做最后的测评，当演讲者解释一个概念而不用任何复杂语言时，这就保证了对艰涩概念的解释到位了。

训练自己用"借喻"思考和"比喻"的技巧

生活中谁都会碰到需要解释某些事情、艰涩概念的时候,学习解释一个艰涩概念的技巧,就是让外行感觉到"原来它和我的生活联系这么紧密"。为了拥有"外行视角",记得要忘记,忘记自己熟知的揭示事物的方式。要分辨究竟是否忘记,可以通过一点来判断,那就是这个人是否擅长使用比喻。那种与他人的交谈中,经常还没开始讲就放下大话说"简单来说吧……",最后却根本无法简单清晰地表达自己意思的人,我想,也许就是还没有学会"忘记"。

演讲者必须要理解听众此刻对于你所讲的话题有多少基础知识,甚至一点基础知识都没有也没关系。用简单的语言"由此及彼",为了让对方明白他不明白的事物 X,就找一个他原本就熟悉的事物 A,然后告诉他在某些方面,X 约等于 A。由于 A 是对方真正了解的东西,对方就一下子反应过来了。

这就是用比喻作为通道,把思想导引过去。这是一种由此及彼的类比方式,不断用两个事情中的相同点来进行自然的联想解释。在这些情况下,你都可以运用"由此及彼"的方式,把听众的思想引导过去:

1. 当你检查自己的演讲稿时,发现所用数据过多,演讲内容过于学术化时,你最好只用一个数据、一个事实,就把道理讲明白。遇到实在绕不开的数据时,为了让数据深入人心,有温度,可以运用"由此及彼"的比喻把数据"翻译"。

2. 如果你是一个生活中十分严肃的人,不喜欢用比喻,可以试着采用对比、比喻的手法讲述,读者也会感到有趣。比如:"什么叫基因?基因就是一串带有遗传信息的核酸列表,你可以理解成'生物模具',我们说这母女俩像一个模子里刻出来的,就是基因在发挥作用"。

"由此及彼"的解释力并不难获得,就是比他人看到两项事物的更多联系,换句话说就是共通点,你的演讲就能在两个拥有不同思维的人之间完成沟通。别相信自己不会解释,在我看来,一个人只要具备了以下几点,就完全可以通过解释建立影响力了。

首先,要有全面观察事物后能发现新的切入点的"眼光"。

其次,将这种发现切实落实到语言上的坚强毅力,换句话说就是不找到最简单的词,绝不罢休。

最后,也是很重要的一点,就是能准确向人表达自己所思所想的沟通能力。

第11节 说服:用推理一步步征服听众

每个人体内都有两个自己

"固执"的听众,要靠推理征服。

你喜欢看侦探小说吗?侦探小说是一个充满推理的世界。它常常以作者提出的一个谜题开始,然后逐一介绍可能的答案,当你觉得自己似乎找到答案时,事件又因为新证据的出现而不断地反转,再把你当下得出的答案排除,继续推理,就这样一一排除后,直到最后仅剩下来唯一一个正确的答案。作者用这种手法带领读者完成深入的"探险"。这种解开谜团的手法在很多纪录片里都采用过,可以把复杂的推理变成有趣的故事,观众会越来越有兴趣,越来越投入,到最后,他们会觉得是自己找到了答案。

推理，是思维的基本形式之一，是由一个或几个已知的判断（前提）推出新判断（结论）的过程。

如果说解释是在人内心里构建一种新的思想，那么说服就是要先破坏旧的思想，然后再构建新的思想。说服的难度始终都是存在的，甚至是非常难的，有很多人本能地不愿意相信跟他们原本想法不一样的东西。但凡有一些生活经历的人，都有一套原有的信念系统和行为指南系统，这已经成了他们固定下来的"基本配置"，和他们的成长环境、价值观、文化相关。

换句话说就是，每个人在和世界"交手"的过程中，都形成了一套"趋利避害"的"自我指认流程"，这一部分被称为"思维和行为的预设模式"，固执的人尤其如此。当你的听众认知半径更广时，或者说，当你的听众属于高智商人群时，你就必须要使用"推理"，让这些固执的听众自己通过探险找到答案。

假设原有的信念系统是大象，新的思想是骑象人，骑象人总是命令大象沿着它想要的路线往前走。但事实上，大象的力量远远大于骑象人，如果大象愤怒了，就会彻底远离骑象人。让这头难以驯服的大象听话，唯一的好办法就是让它自己"享受"向前走。

让听众自己做出结论

如果说有感染力的声音是演讲的外在形式，那么推理就是演讲的内在信息链，是你言之有物的内核。这条信息链的组成如下：摆出自己的观点或疑问，围绕着这个观点或疑问引入论据，并分别加以论证。听众的时间是宝贵的，正确的方式是：首先要告知对方观点、结论，然后用各个分论点证明你的结论，这样有结构、有重点、有材料，一步一步展示你的推理过程,让听众顺着这条信息链,自己做出最终的结论。

结论是听众自己得出的,你只是带领着听众,进行推理的这个人。这个体验就像你自己正在读一本推理悬疑小说,比如阿加莎的《东方快车谋杀案》,所有人都知道雷切特死得蹊跷,都想知道到底是谁杀了雷切特。我们每个人都像大侦探波洛一样,随后围绕自己的观点和疑问,再进一步引入相关事实、例证材料,随着推理的深入,整个论证的过程也清晰地呈现在了听众面前。论点、分论点、论据、结论、升华部分,没有固定的顺序,你可以自己分配。

只要你能条理清楚地向听众解释明白,这个时候,你的决策依据是否正确反倒不那么重要了,只要逻辑清晰地告诉对方一个看上去很有道理的依据就足够了。先提高语言的内在价值,再给语言做"感染力"包装,让它动之以情,才能获得加分项,提高听众的凝聚力,为你赢得听众的信任。

举个例子,假设你穿越到 1886 年,那一年可口可乐饮料公司成立。你会面见一个投资人,他愿意出 200 万美元设立可口可乐饮料公司。如果你能在 15 分钟内说服投资人,就可以获得新设公司一半的股权!投资人的要求是:150 年后公司价值从 200 万增加到 2 万亿。如果你还不会推理,就从富人的思维中学会"推理",看见这个说服的推理过程,从而学到其中的技巧。芒格如何说服富翁呢?一步一步算出来,说明白如何能从 200 万增长到 2 万亿。芒格的"推理"框架如下:

(1)估算 150 年后全球人口。

(2)人均饮水量。

(3)全球人类饮水量(以上两项相乘)。

(4)估计碳酸饮料在全球饮水量中的占比。

（5）估算可口可乐在碳酸饮料中的占比。

（6）估算可口可乐的全球消费量。

（7）估算需要卖出的可口可乐的瓶数。

（8）假设每瓶赚 4 美分。

（9）算出 150 年后的利润：1170 亿美元。

（10）给予 17 倍市盈率后的公司价值：1170×17=2 万亿美元。

我把其中论点和分论点的具体分布展示出来（见表 4-6）。

表 4-6

论点	分论点	论据
150 年后公司价值从 200 万增加到 2 万亿	人离不开喝水	人均饮水量、全球人类饮水量
	有人喜欢喝白开水，有人喜欢喝碳酸饮料	估计碳酸饮料在全球饮水量中的占比
	可口可乐味道很好，是一种深受大众欢迎的碳酸饮料	估算可口可乐在碳酸饮料中的占比
	通过营销，我们可以让更多人喜欢可口可乐	假设每瓶赚 4 美分，估算需要卖出的可口可乐的瓶数
	优秀的公司可以获得不低于同行的市盈率	给予 17 倍市盈率

第 12 节　展示：物尽其用，运用已有装备给听众制造惊喜

打破常规，创造令人惊叹的时刻

视觉是我们的主要感官功能，人的多种感官如果同时受到刺激，视觉刺激的信息留存效果最好，因为记忆更持久。因此在演讲的时候，

一定要运用你所拥有的材料进行展示，创造让人惊叹的展示。服装、有故事的数据、感同身受的人物形象、现场的灯光、自制的展示工具都可以进行创造。

大多数演讲者对"展示"有一种刻板印象，正如大多数人演讲时所运用的展示就是 PPT 上的数据和图表。事实上数据和图表是最差的展示材料。听众最不想看到的展示就是满屏数字的 PPT。

除了展示材料要根据自己的演讲主题而定，展示环节没有什么多余的条条框框，主讲人可以大胆释放自己的"冒险力"，打破惯例和刻板印象。

科普类的演讲总是因为充满枯燥而乏味的数据，让人望而却步的专业术语，以及表述方式的单一而饱受诟病。但也同样给那些表述有趣、生动、充满人性化体验的演讲者以机会，让他们的演讲给人造成冲击，被听众记住。比尔·盖茨有一次为了解释疟疾，竟然在现场放出蚊子做展示，给听众创造了惊心夺目的时刻。

创造惊喜感

当然，你也可以尝试把展示材料穿在身上。

在《为球鞋而疯狂》的演讲中，演讲者开门见山："这是乔丹 3 代黑水泥，它可能是历史上最重要的一款球鞋，它于 1988 年上市，正是这款鞋开启了我们所熟知的耐克营销模式，它推动了整个乔丹家族系列的发展，或许也是它拯救了耐克，这款乔丹 3 代黑水泥之于鞋界，正如 iPhone 之于手机界。"对着这段开场白，大屏幕上展示出这双鞋的照片，可谓一图胜千言。演讲者为鞋子做"自我介绍"，而非对人进行自我介绍的方式开场，给听众创造了"反差式"惊喜感，一开场就抓住了听众的注意力。

　　随后演讲者顺着"主角"的占位，用手指向了自己脚上的球鞋，展示自己脚上所穿的这双鞋，正是照片上的这一双。拍摄者的镜头就是透过互联网屏幕的无数双好奇之眼，屏幕外的观众也能顺着镜头的轨迹，关注到演讲者展示的重点，从而完成自己的理解和判断。

　　用灯光照亮尘埃、自己脚上穿着这双球鞋、复刻人们日常说话的声音标本等展示方式，都是根据各自演讲主题所进行的展示创造，有视觉辅助的记忆效果，比凭空描述好十倍。

　　有视觉辅助的展示，能让观众的大脑在面对乏味的讲解时得以休息片刻。给观众制造视觉展示体验的技巧越娴熟，演讲的影响力越强。

　　灵活运用身边的材料进行展示，会让听众听你演讲的乐趣逐步提高。这不难做到，只要演讲者具备"听众视角"，讲述和展示时，就能从听众的立场做出最优选择。

　　大胆发挥你的创造力，声音、装备、图片、视频等可视化辅助材料，都是给观众制造惊喜的常用材料。我的演讲主题是关于声音，所以演讲中，我会把自己采集的各类声音样本作为展示主体。每当我讲述到某种声音概念时，就会播放一段，以此展示给听众。这样听众就能在我描述完这个概念的时刻，听到这个案例给他带来的直接感受。

　　只要你的视觉辅助能胜过口头表达，为演讲制造惊喜，那就物尽其用。比如，比尔·盖茨就曾经运用过大脑、蚊子等非常规材料创造了令人惊叹的时刻。但这不是一般人能做到的，所以尽你所能地展示就好。

　　但是请注意不要太过密集，否则就会形成一种演得过多，脱离演讲本质的造作感和表演感。

第五章
演讲脚本

> 演讲者的说服力中,有一种隐藏的结构,因为不属于日常说话的常用结构,听众不易察觉。在本章中,你将学习到四种有效的演讲公式。这套演讲公式,就是让结构"现出原形"。理解受众的思维方式,然后选择对应的内容进行结构化表达,就能形成影响力。懂得欣赏结构之美的演讲者,无论什么主题,都能迅速组织信息,脱口而出,迅速圈粉。

第1节 演讲的四种目的:说服、鼓动、传授、娱乐

减法而非加法,一个而非多个

一般来说,演讲的最终目标不外乎这4种:说服、鼓动、传授、娱乐。

说服：经由劝说、诱导，最后使人改变观点、态度、价值观。

　　鼓动：现在大家的状态不够好，你希望鼓动大家，让大家能够振奋精神。

　　传授：向听众传授一些知识，在学校的讲台上很常见。

　　娱乐：为大家带来欢乐，希望大家能够轻松轻松感到愉快。

　　演讲影响力 = 影响深度 × 影响人数。没有深度而追求人数，听众最终都不会成为你的坚定支持者。也可以理解为，深度就是你最擅长达成的目标，比如，一提到鼓动，就是《我是演说家》；一提到传授，就是"TED"；一提到娱乐，就是《奇葩说》。"自不量力"的演讲者认为可以同时达到多个目的，但最后结果是力量没有往一处打，最后完全打不中靶心。做一个形象的比喻，一个石子掉进水中泛起的涟漪就是演讲者的目的，如果到处都是涟漪，自然就不知道中心在哪里。

　　因此，演讲者需要明确地了解当下演讲的具体目标是要达成说服、鼓动、传授、娱乐当中的哪一项，随后以目标为设计内容的最高指导，从而自然地引出话题、说出重点、激起共鸣、产生行动。

目标不同，"形象"不同

　　传授型的演讲，很多人并不把它当作一种演讲，比如我们在上课听讲的过程当中，老师站在讲台上，他的目的就是传授知识。但是没有用一个好的形式去传授的话，学生们可能不太感兴趣。当演讲的目的只是告知时，你的角色就像一名教师了，目的明确，就是要清晰、准确地传递信息，并不追求趣味性。如果你讲述西班牙旅行攻略，描述举重的技巧，叙述中东危机的最新要闻，报告学生联谊会的财务状况，或者解释政府的森林管理计划是如何执行的，这个时候你的演讲就是在告知信息，让听众得到一些以前不曾具备的知识，或者进一步加深听众对这个话题的理解。

人们愿意付钱去听娱乐型演说，比如脱口秀。黄西和黄子华的节目都是这种。电视节目中，"今晚80后""金星秀""奇葩说"都是娱乐型演讲。我们可以发现，娱乐型演说目的也非常简单，让大家开怀大笑就可以了，所以有没有达到效果，看全场观众笑了多少次就知道了。

目标不同，"手段"不同

听众的激情是如何被演讲点燃的？拥有极强说服力的演讲者之所以成为佼佼者，主要是因为他们用一种与众不同的方式看待世界，并且能够结构化、有策略地表达出来，把握这种方式的能力领先于他人。

准备演讲时，要确定一个首要目标，是说服、鼓动、传授还是娱乐。四个目标之间并非泾渭分明，时有重叠，但一定要有重点。

在长时间的演讲中，不同阶段的目标应该有所不同，否则听众很难集中注意力。如果两个小时都在鼓动，或两个小时都在说服，听众会觉得非常累。演讲者需要学会和谐搭配演讲方式，以调节气氛，该传授时传授，中间插入一些娱乐型片段，后续可以是说服型的段落，最后还要鼓动加娱乐，气氛达到最高潮。整个演讲过程尽量流畅而富有变化，偶尔还有惊喜。就像烹饪一样，要有各种各样的配料，掌握顺序，把控火候，最终的结果才会惊艳众人。

传授型与说服型演讲之间的差异在于一个只是解释，一个是劝别人行动。如果你的目标总是要说服某些人，那你很有可能是一名倡导者、创造者；你的目标超越了传递信息，要做成一项事业；你希望改变听众，塑造听众的某种态度甚至激发他们开始行动。

鼓动型演讲的目的是为了打气，在工作中经常会听到。比如这个月的销售业绩不佳，领导讲话给大家打气。有时候人们上班途中也会看到，一些路边的门店，比如房产中介、美发店、餐厅，员工会在门口排成队，店长来一个鼓动性的演说："一起加油！加油加油！"再往大一点说，就是在集会上演说。第二次世界大战期间，宋美龄在美国各州发表的筹款演说，丘吉尔的广播演讲，他们的目的都是为了鼓动国民。

第 2 节　说服型演讲公式

"背景—冲突—解决"公式

以说服为目标的演讲难度是很高的，因为有很多人会本能地抗拒，不愿意接受与原来认识不一样的东西，更别提行动了。但凡有一些生活经历的人，都有一套固有的信念和行为指南系统，这已经成了他们生活的"标配"，与成长环境、价值观、文化、利益密切相关。

要说服人们按你所说的方式去行动，首先要破坏他头脑中的"旧"思想。不破不立，体现在演讲公式上就是"背景—冲突—解决"。

想要成为说服力极强的谈判者，就要用一种全新的方式看待与你交流的对象。演讲力的本质，是要理解受众的思维方式，选择合适的内容和表达策略，去影响他们做出改变。"背景—冲突—解决"是这些谈判者们最常用的表达结构。

美国的道路从摆渡时代进入桥梁时代的进程中，钢铁大王卡耐基无疑抓住了商业机会，他是一个很棒的谈判专家、说服者、演讲人。

有一次，卡耐基参与竞标，和政府进行商务谈判，希望获得建造铁桥的合同。在那次竞价中,他不是出价最低的投标者,面临一个强有力的竞争者——芝加哥的一家桥梁建造公司,并且当时招标委员会已经决定把这项合同给对方。

在这种情况下,卡耐基依旧不愿意放弃,继续争取机会和招标委员会的几位董事交谈。一个细节让事情出现了转机,卡耐基从交谈中发现招标委员会中的董事们对铸铁和熟铁的特性一无所知。卡耐基公司建造桥梁上端的构架一直用的是熟铁,而竞争对手用的是铸铁。于是卡耐基对招标委员会发表了一个简短的演说。影响结果的机会来了,他描述了建造材料的不同带来的特性差异(背景),并且举出了一个实际的例子:万一轮船撞上桥梁怎么办(冲突)?然后告知熟铁和铸铁构造的部件在桥梁被撞击后的差异:采用熟铁建造的桥,被船撞上也许只是发生弯曲;用铸铁建造的,肯定会断裂,最终使整座桥垮塌(解决)。他用上了"背景—冲突—解决"的说服模式。

在涉及安全这件事情上,还能有谁比招标委员会的人更加利益攸关呢?在谈判的紧要关头,很巧的是,其中一位董事佩里·史密斯回想起了自己的经历,有一天晚上,他驱车在黑暗中撞上了铸铁制造的路灯杆,路灯杆碎成了好几截。这个真实的经历进一步支持了卡耐基的论点。招标委员会抛弃了固有的低价中标思路,开始考虑多花一点钱,用熟铁建造一座可以抵御轮船撞击的桥。当大家陷入沉思后,卡耐基知道自己已经完成了 60% 的说服工作。不一会儿,桥梁公司的总裁、国会参议员阿里森先生问他:"如果你能降低点价格,我们就把合同给你。"卡耐基强调:"我们从来没有,也永远不会建造一座劣质的桥,我们的桥不会倒塌。"卡耐基彻底说服了招标委员会的董事们,在不降低价格的情况下拿到了合同。

要破除听众头脑中的旧思想,最好的办法是顺着对方的利益来讲,而非自己的利益。在"利益调换"这个转折点上,没有什么公式比"背景—冲突—解决"更简单高效了。

如何运用"背景—冲突—解决"公式,高效组织演讲内容

说服型演讲的大结构就这么简单:背景—冲突—解决。如果你演讲结束后,发现并没有激起听众心中的浪花,优化步骤是从大到小,首先检查自己的全局结构,确保结构没有错误后,再来进行下一步优化。

不少演讲者认为,自己从全局来看的确是遵循了这个结构,但为什么效果不好呢?问题可能出现在局部。当局部和整体的方向不一致,出现跑题甚至自相矛盾时,说服力就急速下跌。

演讲者是如何跑题的呢?可能是次要信息太多、太发散,这种情况经常出现在交代背景、描述冲突和提供解决方案时。为了不让听众觉得演讲者跑题,局部信息的搜集一定要紧紧围绕着这3点进行信息输送:

(1)背景—事件。通过详细、清晰的语言描述事情重点。

(2)冲突—理由。举出生动的事例,指出矛盾关键所在。

(3)解决—号召。说出让听众这么做的好处,激起共鸣,升华目标。

第3节 鼓动型演讲公式

"金句结论—关键字串联—相关个性化语句"公式

鼓动型演讲可以广泛应用于产品推广、服务推进、商务交流、展会宣讲的活动中。这个公式的特点就是,首先摆出代表价值观的金句,

甚至标题就是金句：

斯皮尔伯格：听从内心的声音

奥普拉：说出的真相是我们所拥有最强大的工具

奥巴马：梦想与责任

马丁·路德·金：我有一个梦想

除此之外，这个公式更是一种理性的"算计"。鼓动是被情感包裹的理性算计，外在表现方式，听起来是情感的释放，但其内在核心是理性的"算计"，你需要运用公式把思考进行"剪裁"，让其简洁清晰。

1个金句结论—3个关键字串联—相关个性化语句。金句过多，就没有人记得住，也就没有金句了。听众的短时记忆最多只能记住3个串联信息，再多了就会形成认知积压。个性化的相关论据支撑，最容易给听众留下深刻的印象，点燃听众的激情。

明白了这场"算计"，接下来，我来具体谈谈如何通过三个步骤绘制出你的鼓动型演讲公式。

如何快速进行"信息组织"

"金句结论—关键字串联—相关个性化语句"，这个公式之所以是用于演讲时传递价值观再好不过的工具，是因为它有两大好处：

（1）它能让你的演讲内容组织结构非常清晰、简洁，让你的价值倡导更易传播。

（2）它能为你的鼓动型演说，迅速地建立一个框架，帮助你在极短的时间内，鼓动他人产生共鸣。

要注意，进行信息组织时，这三种信息缺一不可，缺少任何一项，鼓动力都会减弱。

第一步，把你要传递的价值观用一句话清晰地写下来。

比如，乔布斯2005年在斯坦福大学毕业典礼的演讲，主题是"活出你自己"。这一句话就是他在演讲中要传递的清晰的价值观。在写下自己的一句话之前，你只需要问自己："我最想告诉听众什么？"一定要写出那个你最想告诉听众的，而不是马马虎虎的、无所谓的内容。

如果一开始你不能够立刻想到最想告诉听众什么，也没关系，可以把想告诉听众的所有信息都写上去，换句话说就是把自己的答案都写进去，这些都可以作为备选标题。随后，在面对熟人预讲时，主动寻求听众的反馈，让他们来告诉你哪一个标题最容易让人记住，最清晰地代表你的价值观，且说出来最有感染力。采用排除法一个一个划掉，把最终保留的那个定为自己的标题。

最终定下的最想向听众传达的这句话，文字绝不能太多，要像新闻标题一样短小精干，这样才能容易传播，才叫金句。如果你不能做到以较少的字数表述内心渴望，那可能需要重新对自己提问，然后再给出答案。

第二步，用3个关键信息支撑标题。

为什么是3个关键信息？因为理解演讲需要用到的是听众的短时记忆，而人的短时记忆，最多只能记住3个信息，再多了就会造成听众的认知积压。

还是以乔布斯的演讲"活出你自己"为例。"活出你自己"这个价值理念由3个关键信息点支撑，帮助他迅速地建立起了演讲框架：一是生命中不可预知的因果关系；二是关于爱与得失；三是关于死亡这件事。用关键字形式来表述，就是：因果＋得失＋死亡。

个性化的语句支撑

剪裁的标准版型出来后,我们开始做一些个性化装饰。个性化是自己区别于他人的显著标志之一,它要求我们填充进去说明"我是谁"的语句,由这些语句组成的内容才会有转折、有趣、有震撼力。

需要让听众感觉到,你在谈一些他们不知道的事情,自然就会把人的情感、情绪调动、升腾起来,即使你的声音听起来很朴实轻柔。乔布斯在演讲时并没有运用强硬的声音,反而用亲切的口吻、质朴的语言和柔和的声音说:"今天我想向你们讲述我生活中的三个故事。不是什么大不了的事情,只是三个故事而已。"但今天,没有人不知道他提醒我们的"活出你自己""求知若饥,虚心若愚"。

乔布斯在《活出你自己》这个演讲中,选用了一些"个性化"的案例,也就是支撑他观点的内容:

不可预知的奇妙因果关系——虽然辍学了,但他选修了全美最好的美术字课程。十年之后,选修课上的所学被应用到了第一台Macintosh电脑的字体设计中,他把当时学的那些知识全都融入了苹果电脑。

爱与得失——他被自己创立的公司炒了鱿鱼,这让他觉得如此自由,进入了生命中最有创造力的一个阶段。在接下来的五年里,创立了NeXT和Pixar,还遇见了自己的爱人。没有被炒鱿鱼的经历,这些绝不会发生。

死亡——被诊断出癌症后,更听从直觉和心灵的指示,把每一天都当作最后一天去活,让自己知道想要成为什么样子,其他的事情都是次要的。

让演讲更具"煽动力"的一些修辞手法

之前我们讨论丘吉尔的演讲时,提到有一些让演讲更具有鼓动性的修辞手法,他们是:

(1)排比,首语重复,尾句重复。"我有一个梦想"在马丁·路德·金的演讲中被连续使用了八次。丘吉尔也在句首连用了六个"我们"。

(2)尽量多地采用短句。特朗普在职场创业型真人秀节目《学徒》中的经典的口头禅是"You are fired",给无数电视观众留下了深刻印象,甚至连孩子们也模仿得惟妙惟肖。

(3)比喻。我们熟悉的比喻有"一切反动派都是纸老虎",还有"不管黑猫白猫,抓住老鼠就是好猫"。

(4)引用。引用名句,特别是一些成语、俗语,让演讲的文字简短有力。

第4节 娱乐型演讲公式

"意料中—意料中—出乎意料"公式

要达到娱乐的效果,没有什么比幽默所能达成的效果更好了。如果你认为自己从小就是在严肃环境中"泡"大的,想幽默也幽默不起来,事实上,这只是你不了解幽默潜规则而已。

所谓潜规则,就是你不易察觉的规则,大家通俗地把它叫作"梗""抖包袱"。因为不属于日常说话的结构,听众并不易察觉。娱乐型演说的演讲公式里,就有这么一种隐藏的结构。当你语言的"出厂设置"改良后,幽默度就自然增加。

如果仔细阅读,就会发现这其中有一个数字3,幽默就像数学的加减乘除算法一样,简单易学。有3,就有转折和让人捧腹大笑的可能。这个数字能帮助你把平凡的语言释放出张力,比直来直去更有"料",从而能够把本来隐藏在生活当中的这些幽默进行放大。可以说,只要满足3的结构,就能达到娱乐目的,让主讲人有观众缘、有魅力,使听众放松,让观点更易被听众接受。接下来,我们来认识一下和万能数字3有关的隐藏结构。

幽默可以被"制造"出来

提到数字3,你脑海中有多少记忆和数字3有关?

我立刻会想起小时候听的三只小猪盖房子,三国演义,三打白骨精,三顾茅庐。故事喜欢围绕3来展开,是因为3不仅仅是一个数字,还是人们的心理原型。这种心理原型渐渐成为人们理解世界的一种结构:因为……所以……但是或者因为……但是……所以。无论它们如何变换各自的位置,在这一圈一圈的循环中,小说故事的创作仿佛无穷尽。

在喜剧创作中有一个经典的技巧,也与数字3有关,便是三段规则。"意料中—意料中—出乎意料"就遵循了这种三段规则模式。举一个具体的例子,比如"婚姻里最好的教养是容忍"这个议题下,有一段演讲语录是这样的:"婚姻里最好的教养就是容忍。我也想要一个不开小差的伴侣,一个不开小差的伴侣多好呀,他们心无杂念坐怀不乱,眼见色、不起心、不动念。有这样的人吗?有,唐僧。这不就是人生的难处吗?你想找个出家人,但是他们不结婚。他们要去取经。"

这里就运用了2组"意料中—意料中—出乎意料"的三段模式。为了便于大家理解,我把涉及三段规则的文字用括号标注了出来:

第一组

第一段是:婚姻里最好的教养就是容忍。(意料中)

第二段是:我也想要一个不开小差的伴侣,一个不开小差的伴侣多好呀,他们心无杂念坐怀不乱,眼见色、不起心、不动念。(意料中)

第三段是:有这样的人吗?有,唐僧。(出乎意料)

第二组

第一段是:这不就是人生的难处吗?(意料中)

第二段是:你想找个出家人,但是他们不结婚。(意料中)

第三段是:他们要去取经。(出乎意料)

这是经过喜剧长久验证的真理总结,即使同样的意思,只要运用三段规则,就能够把幽默释放出来,让人们开心、容易笑的出场模式很灵活:"意料中—意料中—出乎意料",这种神奇结构还能扩展出以下"变体":

平常的—平常的—荒谬的

极致的—极致的—平庸的

同类—同类—异类

比比谁在最短时间内让听众笑更多次

马丁·塞利格曼在进行积极心理学演讲时,开场时是这么说的:"在我担任美国心理学会主席时,有人想训练我如何应对媒体,在关于我们为什么应该积极的答案中，*Discover* 的编辑已经告诉了大家前 10 个理由，我来告诉你们第 11 个。

"当 CNN 的人找到我对我说：'您能不能跟我们谈谈心理学发展的状况？我们想采访您在这方面的看法。'

"我便说：'好啊。'

"他说：'可是这是 CNN，所以你只能用很精炼的文字来描述。'（听众笑）

"我问：'我究竟能讲几个字？'

"他说：'一个。'然后打开了摄像机开始采访我：'马丁·塞利格曼教授，您觉得积极心理学发展的现状如何？'

"我回答：'好。'（听众笑）

"'停、停，这样不行，我们应该让您讲长一点。'

"'那么这次我能讲几个字呢？'我问他。

"'两个吧。'

"于是，他重新开始采访：'马丁·塞利格曼教授，您觉得积极心理学发展的现状如何？'

"我回答：'不好。'（听众笑）

"'停、停，这样不行，好吧，您可以再多加一些。'于是，他最后又问了我一次：'马丁·塞利格曼教授，您觉得积极心理学发展的现状如何？'

"不太好。"（听众笑）

现场爆发出会意的笑声，听众笑了 4 次。

李敖在北京大学演讲时，开场时这么说的：

前天晚上我编了一个故事，迷糊做梦的时候编了个故事。北京大学一个女孩子进了一个小房间,忽然看到一个男的在这个小房间里面,嘴巴里面念念有词,来回走动。这个女孩子就问他:"你在干吗?"他说:"我在背讲演稿。"女孩子问:"在哪儿讲演?"他说:"我要在北京大学讲演。"女孩子说:"你紧张吗?"他说:"我不紧张。"女孩子问他:"如果你不紧张为什么到女厕所?"李敖用手轻轻捂住嘴巴往主席台上的嘉宾看,故作小声地继续调侃:"这个人就是连战。"

台下立刻大笑,短短两分钟,听众笑了4次。

这两位演讲者之所以能制造出"幽默",因为他们运用了:"平常的—平常的—荒谬的"三段模式。不仅如此,还有一个有趣的修饰,那就是即兴重复。所谓即兴重复,就是先让观众笑,暂停,然后用和之前有关联的内容说出一个更夸大或更极致的突点,这是幽默的一种手法,是即兴创作的一种,英文是 Riffing。

李敖、黄子华、崔永元、黄西、金星都会使用这种即兴重复,我自己主持时也在用,许多演讲中都有它的身影。前面我提到有一次李敖接受采访:"台湾最有学问的人是谁?"李敖回答:"第一名是我,第二名是我,第三名还是我。"

就连一向"严肃"惯了的连战本人,也会在演讲中运用即兴重复。比如,下面这段话:"北京大学的现址刚才我了解到,就是当年燕京大学的这个校址。我的母亲三十年代在这里念书,所以今天来到这里,可以说是倍感亲切,看到这个斯草斯木,斯时斯人,想到母亲年轻的岁月,在这个校园接受教育,进修成长,心里边实在是非常的亲切。她老人家今年已经96岁了,我告诉她我说我要到这里来,她还是笑眯眯的,很高兴。台湾的媒体说我今天回母校,母亲的学校,这是一次非常正确的报道。"台下立刻响起会意的热烈掌声和笑声。最后一句也是即兴重复。

如果你准备去参加某个活动，或去什么地方会见什么样的人，比如酒会发言、感言分享等，你就可以事先做一下功课，根据那个活动会出现什么样的元素，那个地方的符号，那些人的特点，有针对性地提前设计一些幽默段子，然后在到达后适时应景地抖出来，以达到活跃氛围的效果。连战在北京大学的演讲，就是这样适时应景抖包袱的。

希望在你的演讲工具箱里，装入三段式和即兴重复的公式，这样当你下次演讲时，就可以迅速反应，让幽默脱口而出了。

第5节 传授型演讲公式

传授型的公式"ABCDEF……""ABABAB""Y+ABC"

大家看了这个公式或许要笑了，这个也叫公式吗？当然算了，说的就是一种要点的排列组合。知识传授一般是按顺序讲下来，但有时也未必，可以轮换着讲，挑重点讲，也可以先提出一个大家最好奇最关心的题，然后作出解答。

梁宏达的节目案例一般是"Y+ABC"型，先提出一个问题来，然后再说下去，一下就抓住了大家的注意力，这种传授型演讲方式非常普遍。

所谓传授，就是讲解、教授学问、技艺，为他人拓展认知的边界。理解不能凭空获得，只能层层递进，解释就是递进的梯子。每一层现在的知识，都是建构上一层的基础。因此，我们只能从自己已知的地方开始，一点一点地增加，通过使用已掌握的语言对每一部分进行搭建，为了避免枯燥，可以尽量用比喻等修辞手法来改善你的演讲内容。

我们如果懂得利用比喻勾勒出新概念的"形状",从而大脑就知道如何有效地理解它。如果没有这一"形状",人们就无法正确理解这些概念。当人们的认知半径不同,一个人对一群有着不同认知半径的人演讲时,设计演讲的重点就是恰当地平衡你所解释的概念,用有助于理解概念的例子和比喻之间的关系,来为听众勾勒出这个概念的具体"形状"。

举个通过比喻帮助理解概念的例子:

"为什么癌症是一个老年病?整体来看是因为癌症的发生需要两个最核心的因素:第一个是基因突变,第二个是免疫逃逸。

"什么概念呢?其实它就像我们社会上出现的黑社会一样,它需要两个原因。第一人要一步一步的变坏,所以它需要积累不同的基因突变,第二他不仅要变成坏蛋,还得逃脱咱们执法部门的监管,这样才有可能慢慢变大,变成一个黑社会。

"癌症也是一样啊,他要积累很多突变,同时要摆脱咱们体内所谓的执法部门,那就是免疫系统的监管,这两个事情都是需要很多年才会发生的。"

但大部分解释科学概念的演讲者,都缺乏用比喻做出必要的解释。有次我听到一个关于冥想的演讲,其中有一段是这样的:

"在一份研究报告里面,我们发现冥想训练在帮助人们戒烟的真实性上,比黄金标准指导反而好两倍,所以真的有效。

"当我们研究冥想资深者的大脑时,我们发现了神经网络,里面'自我指认流程'的部分,被称为'预设模式的网络'正在产生影响。

"目前有一个关于这个网络所在区域的假设称为'后扣带回皮质'会因为'瘾念'本身而引发不必要的启动,但当我们被它牵绊住,当我们被吸进去的时候，它就会欺骗我们。"

我的注意力刚被第一段话"冥想训练比其他训练更容易戒烟"吸引住，但转而进入到第二段时，我的注意力便开始走神。你可以读到，我在其中勾画出了四个读起来也比较拗口的概念：自我指认流程、预设模式的网络、后扣带回皮质、瘾念。

许多优秀的演讲嘉宾之所以优秀，就是因为他们能做出行之有效的传授，他们所馈赠的礼物有一个美丽的名字"认知改变"。我们可以将其定义为对一种世界观的提升，从而使人更好地看待现实。相反，无效的演讲者会给人们的认知建造一堵墙，当我一面要抓住演讲者流动的信息，一面要继续思考前面这些概念的真实含义又无法理解时，沮丧感油然而生，索性停下来不再去认真听。

如果你演讲的核心是传授一个重要的新概念，以下这些问题非常有用：

（1）你的相关主题是什么？
（2）你认为观众知道什么？
（3）你用来辅助解释的必要概念是什么？
（4）你会使用什么样的比喻和例子来阐释概念？
（5）如何确保你让外行人都能完全听懂？

前面四点的准备和预先设想及预讲，都是为了达成最后这一点的目标：如何确保你让外行人都能完全听懂。

第6节　几种有力的开场和结尾

"战士们，你们像一股湍急的溪流，从亚平宁山脉直冲而下……

现在米兰是你们的了……我们是所有民族的朋友，那些布鲁图、西庇阿及其他伟人的后裔尤其是我们的朋友。重建古罗马的朱庇特神殿，在那里竖起英雄们的雕像，唤醒因遭奴役而昏睡了数百年的罗马民族——这就是你们的胜利果实，后世将对此惊叹不已！你们给这个欧洲最美丽的国家带来了全新的面貌，这是你们不朽的荣誉……等你们回到家乡，同胞们会指着你们说：瞧，他参加过解放意大利的战争！"

这是拿破仑在意大利战场前线的演讲开场。光看文字就能脑补出声音来，是不是很鼓舞人心呢？这段演讲里都是战士们熟悉的名词，对标了罗马帝国的辉煌战争史，而且用了很多"你们"，非常有气势，让现场每个战士都觉得说的是自己。还采用了比喻"像一股湍急的溪流"，用了简短有力的判断："米兰是你们的了""你们给这个欧洲最美丽的国家带来了全新的面貌，这是你们不朽的荣誉"。这是一段非常精彩的演讲开场。

而日常生活中，10人中9个人的演讲开场可能是这样的：

第一种，"我叫康尼尔，来自Tango项目，这次演讲是关于理解监控策略的最新趋势。现在你们每个人的面前都有一张纸，我将谈论上面这些内容。"

第二种，"另外一种这种方式就是，嗯，我还要多长时间？灯光麦克风在工作吗？"

演讲者使用这样的演讲方式开场，是因为演讲者传递自己最熟悉的信息，但是自己最熟悉的却不一定是听众最熟悉的。

本书的第二章第4节中，我已表明过自己的观点——最熟悉的素材才是"好"素材。但这是针对主体，开始和结尾要在主体话题的基础上单独准备。这个单独指的是要让听众尽快地喜欢上你，被你吸引。

演讲开始时,对于那些不熟悉你的观众而言,你是一张白纸,别人为什么要关注你?我们的开始就是要让别人关注我们。

回想一下人际关系的增进,他人愿意与你聊天的方式可能就是你告诉别人:"唉,我觉得我们有两个共同认识的人。"关键词就是这个"共同",共同的人,共同的爱好,共同的回忆。

而听众最关心的话题在你这里就是演讲中这个"共同认识的人"。这个人在演讲中不一定真实存在,但我们都是人,我们都会有共同的经验。除此之外,听众根本就不关注你的产品和服务,除非听众能够感受到你的服务和产品对他是有利的,所以在演讲一开始就要去表达出这些有利因素。

如何在一开始就表明你和观众有"共同认识的人"呢?可以通过以下方式:

(1)下一个掷地有声的判断。

(2)问一个对观众很重要的问题。

(3)列举身边令人震惊的冲突与事实。

(4)用现场观众熟悉的方式讲故事。

接下来,我一一讲解如何让开场信息呈现得更有力。

论断式开场

作出掷地有声的判断,尤其适合传授型演讲。比尔·盖茨的演讲目的,主要是以传授型为主,他常用论断式信息开场。比如,在演讲《每个人都需要教练》时,就是以这句论断开场的:"每个人都需要一个教练,无论你是篮球运动员、网球运动员、体操选手或者是打桥牌的。"

痛点式提问

所谓痛点式提问,就是问一个对观众很重要的问题。演讲是你的"思想产品",开场就要达到两个目的:一是清晰地传递要讲的主题,二是传递后必须要引起观众的好奇心。

陈述式表达通常只能达到第一个目的,比如,销售人员在做项目推介演讲时,幻灯片通常会这样写:"公司介绍""我们的方案""我们的优势"等。只要把陈述句换成问句,效果就大不同,不妨试试这样写:"我们是谁?""我们如何帮到您?""为什么选择我们?"这就是痛点式提问的功效,用问句抛出主要内容点。它能帮助你同时达到第二个目的——传递后必须要引起观众的好奇心。这一开场技巧,也适用于严肃的科普演讲,比如把雾霾介绍、雾霾成因、应对方案,换成"雾霾是什么?""它从哪里来?""我们怎么办?",观点留存率就大大提升。

还有一些有用的技巧,比如你可以借鉴侦探小说的手法,在一开始就抛出一个谜团,然后逐一介绍可能的答案,再把这些答案一一排除,直到最后剩下来唯一一个可行的答案。这种解开谜团的手法在很多纪录片里都采用过,它可以把复杂的说理变成有趣的故事,观众会越来越有兴趣,越来越投入,到最后,他们会觉得是自己找到了答案。

我自己很喜欢用痛点式提问来进行"提纲式演讲"。提纲不仅可以组织论点和论据,而且还可以帮我们做个好的演讲。艾森豪威尔将军说:"在备战时,我总是发现计划是没用的,但却是不可或缺的。"我把他的名言做了一些修改:"在备讲时,我总是发现提纲是没用的,但却是不可或缺的。"我在演讲时很少用讲稿,但是提纲可以帮助我组织精彩的演讲。

用令人震惊的身边的冲突与事实开场

"每两分钟,从太阳到达地球的能量,是相当于人类一年的总能耗。"

"每个成年人身上,最少有一公斤细菌,他们的种类有1000种以上。"

"这个世界上,每四十秒就有一个人自杀身亡。"

"就在两个小时之前,两架飞机撞上了纽约世贸大厦,还有一架撞向了五角大楼……"

这种开场语句的效果不言而喻。

用成年人讲故事的方式

举例说明:

(1)"小时候,我看见河边一排排郁郁葱葱的竹子,就很生气,它们为什么不是甘蔗?如果是这样,我就可以像熊猫一样,把它们都啃了。和上一代人的童年主题字'饿'有所不同,我们这一代人的童年主题字是'馋'。"

(2)"据说年是一种怪兽。远古时期,四季轮回至冬春之际,人们捱过最冷的日子之后,月黑风高之夜,年就会出来吃小孩。因此最害怕过年的是孩子,如果小孩不听话,大人们就吓唬道:'年来了!'

"实际上吃人的不只是年,还有虎豹豺狼,它们大人小孩都吃,这样就比较公平。人们努力自救,工具与火器发明后,就不再害怕野兽了,甚至开始吃起野兽来。就连小孩子也开始嚣张起来,他们在大街上点燃爆竹吓唬年,年就跑了。"

（3）"有钱能使人快乐。生活在上海这样的都市，几乎没有人怀疑这一点。可是有人告诉我，全世界最幸福的地方是在喜马拉雅山南麓的一个小国——不丹，他们的国民几乎什么都没有，但是过得很幸福。我没有去过不丹，但去过尼泊尔，虽然那里的人们生活得确实很安详，笑容也很朴实，可是大多数去旅行的人并不想一直过那样的日子，那边的酒店条件也不好，除了风景，就没有别的……山路转啊转，车开啊开，总也到不了地方，我看着窗外的雪山和峡谷，渐渐地，我就审美疲劳了……"

第7节　互动问答环节也有料的演讲公式

意料之外的"黄金抛物线"

让听众感受到有料，就是要在人的知识和能力之外提出建议或意见。当你的回答超出提问人的认知和能力时，就能让他感觉到很"意外"。也就做到了好演讲的两项标准之———给听众一个新的思考方式。

所谓"意外"，就是惊喜。惊喜留给人们的冲击力是主体演讲结束后，问答环节的高潮"返场"。但是问答环节通常都比较短，时间有限，我们必须要缩短这条"黄金抛物线"：设定情节—进入话题—引发冲突—进入高潮—解决问题—给出结论。把它进行简化：引发冲突—解决问题—给出结论。

"说教和惊喜"在演讲主体本身已经进行完毕，如果这两者在你的讲解中不占其一，那么演讲本身没有给观众留下任何的记忆留存率。

最后，我们缩短到问答环节的"返场"，人们在听完演讲后，心中还存在着疑惑时，才会提问。如果你希望这场"返场"有助于提高记忆留存率，就要牢牢记住一个原则：问答环节的"任务"是给听众制造惊喜，不是解决真实的问题。换句话说就是，在问答环节人们需要的不再是说教而是惊喜。

《罗生门》告诉我们任何叙事都可以有另外一个版本。我们都是自己生活中不可靠的一个叙事者。因此，提问者需要的只是当时的心理抚慰，而不是解决问题，因为你解决不了提问者的问题，问题的解答只可能是听众本人来完成。

大多数人在叙事时，仅仅是从自己的角度来描述问题的一部分。这取决于他们希望我看到什么。他们以自己的方式在讲故事。他们强调和减少的部分，他们留下什么，他们呈现什么，决定了你看到什么。

"引发冲突—解决问题—给出结论"公式

问答环节，让人能有所收获的信息组织公式及步骤如下：

（1）缩短问题、提炼冲突点。

（2）找到解决的案例。

（3）总结亮点。

问答环节，留给人们组织信息的时间是短暂的，需要快速组织你自己的生活经验，生成一个对别人有用的应对方案，以声音语言传递出来，如果语言还能有一些风格，出彩就是必然。

锻炼自己演讲能力，特别是即兴表达能力的绝佳练习，就是通过问答。很多人在日常回答别人问题时，并没有把这当作是一个即兴脱口秀，所以会出来很多无意识的口头语，反反复复的赘述。有金句才好传播，也才会让听众觉得出彩。

因此，有时间限制的演讲练习具有巨大优势。我偏向于这种互动问答式的演讲，因为它比定式演讲更能调动你对信息的组织、排列和表达能力，甚至有时比你精心准备的演讲更出彩，说得更好。

事实上我们每天都在回答问题，只是我们从来没有在回答中，去思考和总结提炼出方法，从而内化成思考和拖出内容的形式。所以，我开始留意每次演讲时和在做新书分享活动时，读者问我的每一个问题，把回答的问题做成脱口秀节目以锻炼自己。1分钟视频脱口秀的回答视频，就是这么来的。

不妨把每一天别人向你提的问题记录下来，再分析自己的回答，锻炼自己的互动能力。渐渐地，你也会在短时间内制造"意外"，给听众制造惊喜。

比如，当对方问你销售技巧时，你可以回答："我觉得销售的本质是让别人信任你，如果方向错了，那所有的技巧都是减分。"这样的回答就会让听众有一种新奇感，甚至恍然大悟。

每当主讲人的金句出现时，听众就会有一种很"燃"的感觉。其实在即兴问答环节，提问的人最期待的，就是一种很"燃"的感觉。你的回答能够点燃他心中的激情，至少在当下刺激了他去行动，符合他心中的正能量，而不是告诉他："哦，那你可能真的就没什么机会了，这个世界就是这么残酷。"

表达的形式很重要，同样的价值观，用一种"好"的方法传递出去，创造的冲击力强于简单说教。听众一边接收信息时，一边会说："嗯，很惊喜的感觉。"这句话藏在听众心里，没有口头表达出来。

第8节　即兴发言随时都能精彩的模板

抓住触点、迅速成文

即兴，就有临场发挥的意味；发言，就是和日常讲话不同的"规格"。即兴发言，可以充分显现个人的优势和特点。生活中少不了"临危受命"的时刻，没有经过充足时间准备，在自己不熟悉的情景下，就要对人讲话、回应听众的发言，都可以统一称之为即兴发言。

这一类发言有两大特点：

（1）时境感强。一定要切合现场的氛围，或严肃、或诙谐、或喜庆、或伤感……

（2）时间很有限。要用短小精悍的篇幅说明一个道理，不能长篇大论。

即兴并非是随性。随性意味着说话太松散，让人无法体会你思想的重点。精彩的做法是，从眼前的事、时、物、人中找出触点，引出话头，然后再将心中的所思所想说出来。

大部分读者之所以不喜欢正式演讲，主要是由于缺乏正式演讲的机会，所以也欠缺相关的经验。大部分读者之所以重视即兴演讲，是因为生活和工作中碰到即兴演讲的频率非常高。事实上，即使是面对即兴场合，要做出快速的反应也不是那么简单容易。但有一个模板能让你的即兴发言更精彩——触点表达法。

触点表达法，就是有着快速抓住触点，由此触发并向人们传递一个有价值的观点和道理。即兴演讲需要因事起兴，找到了触点就找到了起兴的由头，就能够有话可说，就容易翻开思绪。再做到言简意赅，就能在短小的篇幅里，做到言之有物。

触点引出话头—触发心中所想—升华内容高度

要想迅速成文且不偏离题意，就需要一个抓手帮助自己快速和触点建立联系。触点就是精准地抓住听众注意力，迅速引发共鸣的话题引子。举个例子，奥普拉领取金球奖终身成就奖时，就是用"触点引出话头—触发心中所想—升华内容高度"的结构展开的即兴演讲。

用触点引出话头："1964 年，我还是一个小女孩，坐在密尔沃基家里的油毡地板上，看安妮·班克罗夫特在颁发第 36 届奥斯卡最佳男演员奖颁奖。她打开信封，说了一句创造历史的话：获奖者是——西德尼·波蒂埃。随后迈上舞台的，是我见过最优雅的男士。还记得他的领带是白色的，当然，他的肤色是黑色的——我从未见过黑人享受如此大的荣耀。

接着，触发心中所想："有无数次，我都想解释这一刻对当时的那个小女孩的意义。"那时的我就坐在一把廉价的椅子上，看着给别人打扫完房间的母亲，正精疲力尽地回到家中。但我所能做的，唯有引用电影《野百合》中西德尼的角色所言'阿门，阿门，阿门……'。1982 年，西德尼正是在金球奖上，被授予塞西尔 B. 德米尔奖。而我也依然挂念着，此时此刻，有一些小女孩正看着我，看着我成为获得这一奖项的第一个黑人女性。"

继续推进演讲，升华内容高度："能跟那些女孩儿，跟所有激励过我、挑战过我、支持过我、使我得以走上这个舞台的所有了不起的人们共度今晚，这是我的荣幸。包括当初在我身上赌了一把，让我主持《早安芝加哥》的丹尼斯·斯旺森；包括昆西·琼斯，他在那个节目上看到我后,就对斯蒂芬·斯皮尔伯格说:'没错,她就是《紫色》里索菲亚的不二人选'。还有盖尔,她定义了什么是朋友,以及斯特德曼,我坚强的后盾。这样的人还有很多,讲述新闻人追求真相的奥斯卡最佳电影《聚焦》,我想感谢好莱坞外国记者协会,因为众所周知,这年月,媒体身陷重围。但我们也都知道,正是对揭露绝对真相的奋不顾身,我们才会知道这个世界上仍然有腐败和不公……"

因此,看似即兴的所有内容,并不是真的毫无准备,而是在头脑中以一种触点和触发心中所想的对应结构来准备。对于经常演讲的人来说,因为这已经形成了他们内在的信息组织条件反射,所以随时开口都很精彩。对于较少公开演讲且缺乏锻炼的大众来说,经过练习也能做到,只需要很少的提示就可以触发自己将要谈及的要点。

换句话说,你去参与一个可能会需要即兴发言的活动时,你可以有备而来,提前预想自己生活经历中有哪些元素会和现场的主题、情境相关,从而提前在脑海中准备,当你突然被要求即兴演讲时,就能抓得准、抓得及时。

与这种演讲方式很近似的就是访谈类节目。主持人在访谈前,会确保头脑中已经预先规划好需要谈的要点、问题,从而确保被访谈者围绕在这些中心问题给出回应。

临场发挥的即兴演讲,把访谈节目这种谈话的自发性、互动性、热情和中心感都综合在了一起,是一种演讲者和听众都喜欢的方式。

因而即兴演讲在大多数听众看来,是演讲者真实思想的流露,言为心声。人们更喜欢即兴演讲。

第六章
演讲练习

> 持续塑造"语感肌肉"的秘诀是日积月累,而非仅仅只学习速成招式。想在任何领域取得成绩,都需要足量的不间断练习。先天拥有好条件的人,会让人迷恋和羡慕;后天扎实的努力,更让人尊敬和佩服。

第1节　日常谈话中如何练习演讲力

日常生活中练习演讲力,就是练习自己四个维度的能力:态度、角度、速度和温度。

有时候机会和努力谁更重要,到底是谁成就了你,真的说不准。但可以肯定的是,如果你的实力准备不够,当机会来临的时候,你只能眼睁睁看它走掉。如果你不甘心现状,想要拥有不凡的人生,就要付出更多的努力,进行不间断的练习。

篮球场上有一种牛皮糖式防守,也叫紧贴式的防守,这种防守离对手非常近，可以让对方不能舒服地拿球、运球、跑动。科比很小就开始学习和练习这种方式。有一次，主持人问已经成为篮球明星的科比，为什么很小的时候，就要学习牛皮糖式的防守。科比说："我的激情是没有止境的。因为这样你可以看到每一个动作的细节，你知道他的脚趾朝向这边，还是另一边，有多少倾斜，卡位、防守姿势、防守队员会站在哪里，球员投篮时，他们的脑袋会在哪里，就是这些小的细节，只有牛皮糖式的防守可以让你看到所有的这些细节。"

理解科比的人都懂得态度的力量，一旦经过时间的转化后，所能带来的奇迹。"满天星星，寥落的灯光，行人很少。究竟是什么样子，我也不太清楚。但这没有关系，你说是吗？每天早上4点，洛杉矶仍然在黑暗中，我就起床行走在黑暗的洛杉矶街道上，一天过去了，洛杉矶的黑暗没有丝毫改变；两天过去了，黑暗依然没有半点改变；十多年过去了，洛杉矶街道早上四点的黑暗仍然没有改变，但我却已变成了肌肉强健、有体能、有力量，有着很高投篮命中率的运动员。"

态度：时常寻一两个值得研究的问题

用后天的努力去克服先天的一些不足，练习必不可少。水滴石穿，不是水的力量，而是重复的力量。在重复中，我们可以看到每日重复的"渐"所带来的重大意义！

不仅篮球如此，写作、演讲都是如此。

例如民国时的畅销小说作家张恨水，是出了名的高产作者。他的《春明外史》分上下两部，百万字规模，乍一看压力很大，但读起来引人入胜，我每天有空就会看上几个章节，所以也很快读完了。作者在序言中对成书过程做了总结，他坚持每天都写，将灵感和体验都写进了故事。他把写作当成头脑练习,不知不觉就百万字了,过程虽然辛苦,但有结果后回望起来也满足了。他的其他作品大多是动辄百万字的章回体小说,直让人望"书"兴叹。

方文山在工作之余,练习歌词写作,从不间断。28岁之前,他曾经做过维修工、防盗系统安装员,利用业余时间研究如何写歌词,认真地写了超过100首歌,然后装订成册,寄给唱片公司。别人装订寄出20~50份,他寄100份,台北的唱片公司其实没有100家,他之所以寄出100份,因为考虑到,你寄了100份到他们公司,第一关拿到你歌词本的一定是前台,但是前台不见得会把这个往上递,前台可能会判断是广告文宣品,就拦截了50份,所以只有50份会到歌手和制作人助理手里。助理也不可能把这50份直接就交给你想合作的那个歌手和制作人,所以,50份还要再除以2,最差的结果就是歌手和制作人拿到了,他也不见得想要打开看,因为他不见得有兴趣,因为大家都忙。为了提升成功概率,所以就寄出100份。

可以说,成功之前的写作和作曲,都是他们的"练习"。

在日常谈话中练就演讲力,技术是其次,态度应该永远放在第一。天下没有白费的努力,总要寻找一些问题。

胡适1932年在北大毕业典礼上的演讲提到:"问题是知识学问的老祖宗;古往今来一切知识的产生与积聚,都是因为要解答问题,其实也只是一种好奇心追求某种问题的解答,不过因为那种问题的性质不必是直接应用的,人们就觉得这是'无所为'的求知识了。我们出学校之后,离开了做学问的环境,如果没有一个两个值得解答的疑难问题在脑子里盘旋,就很难继续保持追求学问的热心。可惜当时青年人最大的问题是养家糊口,生存都是难题,遑论其他?可是,如果你有了一个真有趣的问题天天逗你去想它，天天引诱你去解决它，天天对你挑衅笑你无可奈何它——这时候，你就会同恋爱一个女子发了疯一样，坐也坐不下，睡也睡不安，没工夫也得偷出工夫去陪她；没钱也得撙衣节食去巴结她。没有书，你自会变卖家私去买书；没有仪器，你自会典押衣服去置办仪器；没有师友，你自会不远千里去寻师访友。你只要能时时有疑难问题来逼你用脑子，你自然会保持发展你对学问的兴趣，即使在最贫乏的智识环境中，你也会慢慢地聚起一个小图书馆来，或者设置起一所小试验室来。"

角度：从正反两方面思考，进行正反辩论

口才好、说服力强的表现之一就是思辨能力很强，能够说服对方。针对某个观点从正反两方面思考，然后分别讲出来是锻炼思辨能力的有效方式。克林顿是这方面的专家，他很喜欢周围有很多不同意见的人，他喜欢听两边的辩论，然后再由他来做决定。

无论是在演讲主体本身的信息组织，还是在问答环节有料，以及让即兴演讲精彩，引起别人"惊奇"的点，就是：

（1）别人从来没听过。

（2）别人从来没从这个角度看过。

要达到这目标，日常生活中进行自我"辩论"的练习必不可少。自我辩论也是"辩论"，真实辩论情境中胜出的关键是洞察先机，预测对方辩手的招数，然后准备更多的内容素材，比对方看到更多的角度，从而从广度和深度上比对方辩手更胜一筹。在自我辩论时的思考也需要这样"努力"。只有这样，才能根据当下的受众群体，快速抓住最适合的切入角度，选择对应的内容进行结构化表达，形成影响力。

让听众有共鸣的方式，就是理解听众的思维方式和看问题角度。可以说，一个演讲者能看到多少种不同群体的角度，就能讲出多少个群体期待的故事。

速度：结构化表达

没结构百事难为，有结构一切好说。公众演讲不能原搬谈话时的感觉，表达要有策略顺序，这个策略顺序就是结构。没结构，思绪容易飘散，口头禅容易张口就来。

受众的思维方式是结构性的，结构化表达的魅力就在于，无论什么主题，都能迅速组织结构信息，脱口而出，让受众在自己的思维方式下，迅速理解。受众听到结构化的内容后，会觉得清晰、很容易跟上，倾向于认为演讲者有强烈的说服力。

懂得欣赏四种常用的结构之美（时间顺序、因果顺序、问题求解顺序、主题顺序），并在日常说话中有意练习。渐渐地就能形成习惯，形成日常思考和表达的条件反射，提升大脑算力。

温度：接地气的说话方式和材料

李诞在《奇葩说》舞台上，解释艺术的价值和生命的价值时是这么说的："关于艺术的价值这个问题，艺术最大的价值，就是永远地活在人们的心中。而生命最大的价值，就是活着。对不对？我觉得名画最好的归宿就是烧了。比蒙娜丽莎更美的，就是正在燃烧的蒙娜丽莎，比神秘的微笑更神秘的就是烧没了的蒙娜丽莎的微笑。"

这样的语言是不是很生动？听一次就记住了，也很接地气，没有说教感。和模式化的样板语言相比，给人留下深刻印象的演讲者，所使用的语言都非常生动。如果人的语言是假大空的，演讲就是没温度的。如果人的语言是生动的，人也是有趣味的。这让我想起了一位朋友关于季风的描述，激发了我对于地理知识的兴趣："热空气和冷空气打架，冷空气打赢了，把热空气吹走，就进入了秋天。"

时时留意生活中的生动描述，你也能不断优化自己的语言。张爱玲的金句之所以被人们传诵，就是因为太生动。去生活场景中，或文学作品中，找寻这样的趣味。

记得有一次在南宁演讲，遇到了台风"山竹"。它太强大了，波及范围太广，千里之内，纷纷望风而降，我回沪的航班也被取消了。第二天，酒店早餐厅的墙上，电视屏幕里，正播报它今日的重点新闻——广州、深圳、香港、菲律宾等地的受灾情况。

电视里说到菲律宾灾情时，提到了这么一段：这里的居民，由于长期饱受洪涝灾害，已经有了丰富的应对经验，家家户户准备了一条船，以便出行和躲避洪水。之前描述得如同惊涛骇浪一般的新闻播报，到这里反而让我觉得有了一丝趣意。我竟然对台风有了不少好感，这就是生动语言的力量。

第 2 节　对着镜子练习时要观察什么

精心设计身体姿态

现在到了完善演讲第二语言的时候了。为了能观察自己的身体姿态，在镜子前练习的环节必不可少。不仅"说什么"非常重要，能支撑所说内容的身体语言也同样重要，成功的演讲不只是逻辑或理性的认知活动，还有让人难忘的身体语言。历史上很多演说家都有自己标志性的身体语言。

精心设计过的身体姿态，能让你的演讲对听众更有说服力。身体姿态如果表现不好会影响内容给观众带来的感觉，从而减少信息传递到达率；表现得好可以增加你演讲内容的可信度。所谓好坏，指的是自己在手、脚运动中的肢体语言，同表情、眼神、声音的配合效果。

当着朋友、室友和家人的面练习比对着镜子练习更好，只要是愿意听你演讲，愿意提出真诚意见的人都行。不要害羞，不要怕问别人。大多数人都喜欢就某些事情发表自己的见解。你的演讲是准备来给人看和听的，而不是用来在镜子前发表或录在录音机里的，所以，你需要别人帮你提前找出演讲中的毛病。

美国学生从小就训练演讲，总统竞选的电视直播，更是给全民普及了演讲。相比之下，我们在这方面的训练是不足的，学生时代，害羞内向的孩子举手发言都不积极，只有少数孩子才去参加演讲活动。但到了工作场合，竞选职位、介绍项目、推广产品，都要用到公众演讲的技巧。这时开始意识到演讲是一种刚需，的确有一些事后弥补，可以说，我们对自己的第二语言一点都不熟悉。我自己也是通过熟悉后，再做针对性练习，反复比对提高进而固定下来的。

确保姿态简洁大方

在众人目光之下，演讲者的负担是很重的，既要克服紧张和压力，还要流畅表达内容，这么一来，身体语言往往就顾不上了。当你在面对镜子，练习自己演讲的时候，你到底要去观察什么以及如何观察，才能够形成一个正向的反馈调整？太多的细节反而会增加演讲者的心

理压力,主要检查四点:

第一,别"张牙舞爪"。所谓"张牙舞爪",就是无序地打开手指。只要你伸出手,就应该确保除大拇指外的四指是并拢的,这样整体形态比较放松、不刻意。

第二,别"拒人于千里之外"。绝对不要把所有的手指都放进裤兜里,会显得封闭或紧张。尽力避免手心向下和握拳伸指的手势,这是一个有明显命令感、强势感和权威性的动作。手心向上通常表示友好、邀请、欢迎,让你看起来亲切、温和。

第三,别"动来动去"。如果你希望展示思想深邃、目标明确,并且精力集中的形象,就切记,一定要少做动作,仅仅在关键点处变化动作。

第四,别"虎视鹰瞵"。眼球运动幅度太大,频次太多,容易给人心神不安定的狡诈感。眼神要柔和而坚定,当你的眼神需要运动时,可以把它交给头部,让眼睛、眼神伴随头部的左右运动而运动,这会保持你柔和而坚定的内心,通过心灵的窗户得到正确的传递。

第3节 录制演讲声音时如何复听才能进步

建立有辨识度的"隐形旋律"——声音语感

同样的话,第一次被说出来只是一个建议,第二次就是观点,到了第三次则是潮流,而第四次就成了你在演讲中可以遵循的良好建议——检查是否剪掉无端的空隙、停顿、重复,检查是否减少了无意识的口头语,以确保流畅性没受影响。

市场上不乏利用声音成功增强辨识度的品牌。比如"灯!等灯等灯""一二三,田七"等。企业乐意把自己的品牌和某种声音联系起来,是因为经过重复性传播后,当声音再次响起,就能成为提示消费者的暗示,甚至在消费者心中埋下"隐形旋律",从而大大节约传播成本。因人们听觉感官建立起来的听觉锤效应,已经广泛应用于营销学。演讲者自己固定的声音语感就是这个"听觉锤"。

林志炫在一段访谈中回忆了自己对音乐的敏感和热爱,也做出了对当代音乐圈千人一面的批判,林志炫回忆自己成长时代的音乐环境与生态时说:"如果你脑海当中只能听出 80 分的话,那你撑死了所知道的音乐就是 80 分。在我成长的那个年代,每一个乐队拿出来的风格都是不一样的,作为音乐爱好者,那真是一个最棒的时代,一堆唱片放到你面前,从 a 到 z 的单词字母,你按任何一个字母拿出来的唱片,可以感受到的风格都不一样。我的听力、我的耳朵在那个时代练习得更敏锐,我能够告诉你这些唱片背后哪些乐队。他的风格是完全不一样的,不像现在都一个样。"

演讲者的声音语感就像歌手的演唱风格一样。有的演讲者能给听众留下深刻的印象,让人一听就会记起演讲者的音容笑貌,正是因为演讲者在表述内容时,声音"旋律"的辨识度足够强,"听觉锤"效应很明显。用声音把内在思想感情准确传递给听众。我给大家一些实践的小建议:

(1)复听自己声音"旋律"的第一步,是养成随时记录的习惯,用手机把自己的声音录下来,让你有"材料"可分析。

(2)要学会识别隐形旋律的 4 个检查点,这 4 个"检查点"分别是:音调高低、音量强弱、语速快慢、强调方式。无论如何,你至少可以用声音创造出高快、高慢、低快、低慢四种变化。声音运用术简单易学,效果显著,用好它,任何人演讲时的声音都能立刻产生变化,突出风格,让演讲更有代入感,从而感染听众、引起共鸣。

(3)不断充实"声音工具箱"里的语感细节,被人记得住的声音,都有语感"配方"。不要贪多,一点一点慢慢来。有辨识度的声音,除了上述4个基本检查点之外,就是不断优化细节,有些细节可能学起来比较别扭,没关系,我一开始也一样。先练那些自己很顺手的细节"配方",熟悉之后再练其他的,不断扩大练习,就能形成内在的声音语感。

营销领域从"视觉锤"到"听觉锤"的探索,为演讲者提供了更加广阔的重塑空间。只需成功聚焦"听觉锤"中的某一个突出元素,就足以为演讲带来"质"的飞跃,从而实现演讲者在声音层面的认知占位。

有辨识度的演讲声音,都有语感"配方"

(1)控制平均语速。每分钟180~220字的语速是让人感到舒适的语速。关于中文演讲的平均语速,我做了这么一个统计:崔永元,每分钟180字;马云,每分钟200字左右;罗振宇每分钟212字。

(2)停顿次数。给听众留出"空隙",听众才能消化。人类大脑的临时记忆里,一般上限就是7个元素模块。停顿所产生的时间空隙,让大脑有充裕的时间处理信息。乔布斯、马云、伊万卡、奥普拉都懂得善用停顿:不仅仅在标点符号出现时停顿,更要在进入下一个新的话题点,或要在前一层意思上递进时停顿。

(3)语势、节奏。舒适的平均语速、恰当的停顿,且语势明确、节奏突出的演讲者，他们的声音会更有辨识度和传播力，这是演讲者能吸引绝大多数人的秘诀。什么风格配什么语势，正确了就会增强风格，错误了就会削弱风格。

第 4 节　通过录制视频，感受自己和观众的对话力

缓解"镜头尴尬症"

通过录制视频，感受自己和观众的对话力。练习透过镜头后的对话力，也叫做练习自己的"镜头感"。不少人演讲时，有一种"镜头尴尬症"：私下里聊天轻松随意、收放自如，一面对镜头就各种尴尬。紧张、不自然很正常，因为不熟悉，任何人在陌生环境下，肢体动作和表情都会受影响。其实，"镜头感"的养成，没你想的那么难，简单几招，治好你的"镜头尴尬症"。

"镜头感"由什么组成？这需要你了解听众透过镜头看到你时的视觉兴趣点。首先，观众肯定不喜欢看到一个姿态不端正、无法让自己集中视觉焦点的人。镜头并非是拍摄的镜头，而是拍摄之后给听众看时，听众的眼睛加上大脑就是镜头。

因此，"镜头感"的本质，就是一种好的体态、表情和肢体细节，让这些细节符合听众的视觉兴趣点。

要满足听众的视觉兴趣点，至少要做到以下两点。

（1）不能全程自言自语。卡耐基两条演讲原则中的一条是：使自己在观众面前和在家里一样放松自如，要和观众有交流，而不是只顾自己讲话。音频时代的"后遗症"，就是演说者无视身体细节姿态的

"装扮",进入到全程无交流的状态中。过去,我和听众之间的交流更多的是通过音频,但现在视频节目尤其是短视频节目的快速传播,内容已经进入了视频时代,越来越多的听众,选择看视频而非音频了。演讲这种内容形式,首选的更是视频。演讲者与听众对话的通道,已经从音频时代进入视频时代。谁掌握了视频时代的对话力,谁就掌握了视频时代的话语权。

(2)自然、真诚、不做作。在拍照或者录视频时,面对镜头,有人总是不自然,动作和眼神看起来特别生硬。虽然对着镜子练习和演讲现场的真实表现会有所差异,但视频记录可以让我们具备材料,以便于自己看到不足和优点。因此要大胆勇敢地去录制视频,并形成习惯。记录下自己演讲时的即时性动作。

容易被镜头放大的3个缺点

不同人面对镜头的尴尬症细节有所不同,发现不同的方式就是来到演播室,让演讲者直视镜头说20分钟。授课老师根据这个视频开始研究,大概两个星期的时间就能给出"镜头尴尬症"的诊断结果。然后把视频里的演讲者叫过去看视频,一边看一边讲解,哪些地方需要改进。

回看镜头中的自己,是练习透过镜头对话力中很重要的一步。这会帮助你熟悉和了解自己透过镜头,哪一些细节会被放大,哪一些细节的感染力不足。随后,再通过有意识的针对性练习获得一个最佳感染力的肢体语言模型。肢体和表情是你的第二语言。这个模型建立之后,在这个模型中去练习,建立体内的动作语感,从而渐渐熟悉更有魅力、有对话力的动作幅度、频率。这样的反馈、观察、调配,就像拍电影时灯光师根据不同场景和演员特征所布置的灯光效果一样，知道从哪个角度拍是最好的，配上对应的灯光效果，慢慢地就会变成一种自然反应。

透过镜头，看到被放大的细节后，演讲者需要改进的点很具有共性，主要有以下3点：

（1）坐姿不端，始终斜着。

（2）眼神东看西看，很难集中在镜头上，或集中一段时间后眼神就不够自然。

（3）动作太多、太碎。

当我们面对镜头，会不由自主地根据想象的场景来调整自己的表情、体态和语言。可以先想象对面坐着的是一个朋友，在和他对话；然后扩展到两三个朋友，怎么把一件事向他们解释清楚；再接着想象自己怎么把这件事讲给二三十个人听……一点一点地增加脑海中听众的规模，自然就学会如何变化讲述模式。

可以把自己做这项训练的过程录下来，从观众的角度了解自己的变化。

第5节 通过1分钟语音，练习短答概括力

短答概括力符合信息世界的组块规格

规格通常指的是产品的体积、大小、粗细、长短等外观特征。这是一个充满规格的世界，信息世界的组块也有其规格。

一条微信语音长度，60秒。

一首流行歌曲长度，4分钟。

一部叙事电影长度，两小时。

一场大众喜爱的演讲发言，18分钟。

因为有了规格标准，"生产者"浓缩、概括、提炼等"删减"能力才会获得提升。规格是迫使人们锻炼时间语感和逻辑语感的绝好检测者。

2017年开始，我每天上午推送一条60秒语音，这样做的目的仅仅只是为了锻炼自己的1分钟表达力。没想到这样的无心之举，竟然对我日后的各类"1分钟产品"执行力很有帮助。比如，当视频时代到来后，我逐渐从1分钟语音过渡到1分钟视频，一天可以完成30条1分钟视频的"自由发言"。这对于我用内容吸引粉丝，有了很大帮助。

提升短答概括力，就是提升大脑算力

把内容简化是一种能力，这是一种锻炼语言精练度的机会。短答概括力，就是一句话总结、回答提问，或一句话点评的力量，这一句话是概括主题、浓缩观点进行最后点题输出的机会。这种短答概括力，有人回答得精彩，有人回答得无趣。提升这些方面的造诣，就要注重日常的精准练习。

短答概括力具有神奇的转化作用，能帮助你通过"周边视角"抓住核心，表达出核心。

所谓"周边视角"，简单说就是无论对方问了什么，都要在第一时间把他问的核心和另外一个事物联系在一起，无论对方问的主题是什

么，都要相信他提的这个问题和某个东西很像。在不断的这种周边视角的训练过程中，演讲者就会不知不觉地掌握对所有周围物体的信息和情况，就会去探寻这些现象背后存在的根本原因。

人们思考问题时，习惯了中心视角，听众问什么，就答什么。事实上，如果既要内容精彩，又要语言精练的话，锻炼周边视角，就能让你的表达趣味十足，传为佳话。当年，乔布斯邀请当时百事可乐的总裁约翰·斯考利加入苹果时，乔布斯说了一句话："你是想改变世界，还是想卖一辈子汽水？"一句话打动了斯考利。

演讲者要想在任何场合都可以运用"周边视角"，在短时间内想到两件事情之间的联系，从而做出简单有力的介绍，制造比别人更多的"料"，就要注重日常练习。

随机选择一个关键词作为话题，进行30秒钟思考时间，然后对该话题进行1分钟的自由发言。发言时间必须是1分钟，既不能够超过，也不能够减少到50秒。这就是进行1分钟语音训练的过程、方法——从一个随机的话题中快速整理思路，找到精准的语言，组织好一个逻辑，在有限的时间内做出结构化表达。

这个练习的好处在于，能够锻炼演讲者快速思考的能力，能提升单位时间内的大脑算力。从一个随机的话题当中整理思路，确定自己一会儿要说什么，然后在有限的时间内清晰地表达出来。

1分钟短答概括力，非常适用于商务沟通，因为商务沟通最忌讳"废话"。